about dmz

FLOATING GANGHWA

Contents
목차

01.
플로팅강화   20
Dear Reader : Floating Ganghwa

02.
데이터로 본 강화   24
Focus : Ganghwa in Data

03.
강뮤다 삼각지대   32
Walk : Gangmuda Triangle

04.
잃어버린 포구를 찾아서   50
Scene : Looking for the Lost Port

05.
강화, 강화   74
Talk : Buildup Ganghwa

06.

말쑥대군의 달콤한 비밀   92

Food : The Sweet Secret of the Malssuk Prince

07.

진짜섬, 볼음도   112

Tour : The Real Island, Boleumdo

08.

책방문   130

Episode : Ganghwa Book Trip

09.

[♡]   150

Novel : [♡]

Dear Reader
플로팅 강화

네 번째 〈어바웃디엠지〉입니다. 탈고를 하며 디어리더를 쓸 때마다, 항상 일 년을 고백하는 기분이 듭니다. '조금 더 자주 갈 걸, 한 번 더 쳐다보고 한 번 더 물어볼걸.' 수많은 후회가 밀려옵니다. 이번에도 아쉬움과 부끄러움이 뿌듯함을 앞서는 것 같습니다. 하지만, 발행인으로서 저는 꾸준히 DMZ를 바라보고 경험하고 표현하고 있는 우리에게 아낌없는 박수를 보내고 싶습니다. 2020년 철원에서 시작한 여정은 파주, 고성을 거쳐, 올해 강화로 이어졌습니다. 어떠한 지원 없이, 오롯이 우리의 의지만으로 DMZ 지역을 탐구하는 과정은 참 쉽지 않았습니다. 무엇보다 시간이 갈수록 'DMZ'라는 단어가 주는 무거움이 우리를 짓누르곤 합니다. '지금도 이어지고 있는 역사의 아픔을 너무 가볍게 여기는 건 아닐까, 수많은 로컬 잡지와 〈어바웃디엠지〉의 차별점은 무엇일까.' 특히, 이번 호를 준비하며 고민은 더 깊어졌던 것 같습니다. 그러나, 우리는 다시 처음으로 돌아가기로 했습니다. '무거움을 벗어던지고 다양한 시선으로 DMZ를 바라보자. 여러 시선이 존재해야 더 좋은 선택과 결과가 있다.' 다시 한 번, 호기로운 결심을 하고 만든 네 번째 〈어바웃디엠지: 플로팅 강화〉입니다.

그런 의미에서 강화는 최적의 장소였습니다. 15개의 섬으로 이루어져 있는 강화는 말 그대로 둥둥 떠 있는, Floating 강화입니다. 바다는 섬마다 다른 풍경과 삶을 만들어 냈지만, 동시에 유영하듯 유연하고 모호한 분위기를 만들었습니다. 강화는 DMZ가 아닌, 한강하구중립수역을 접한 지역입니다. 남과 북이 공동으로 사용할 수 있는 수역을 맞닿고 있는 것이죠. 더 유연한 경계라고 할까요? 실제로는 DMZ와 동일하게 접근이 불가능한 삼엄한 경계지만 말입니다.

DMZ에 대한 깊은 역사와 날카로운 전망을 기대했다면, 실망할지도 모릅니다. 하지만, 〈어바웃디엠지: 플로팅 강화〉에서는 북쪽 경계를 접한다는 이유로 오랫동안 소외된 지역, 그만큼 우리가 놓친 이야기가 가득한 지역, 그럼에도 새로운 변화의 바람이 불고 있는 강화를 발견할 수 있습니다. 여러분도 편안하고 따뜻한 시선으로 강화와 DMZ를 바라보는 시간이길 바랍니다.

발행인 박한솔

DMZ 접경지역

「접경지역 지원 특별법 시행령」 제2조(접경지역의 범위)

① 비무장지대 또는 해상의 북방한계선과 잇닿아 있는 시·군
   인천광역시: 강화군, 옹진군
   경기도: 김포시, 파주시, 연천군
   강원도: 철원군, 화천군, 양구군, 인제군, 고성군

② 대통령령으로 정하는 시·군
   경기도: 고양시, 양주시, 동두천시, 포천시
   강원도: 춘천시

③ 비무장지대 내 집단취락지역
   (경기도 파주시 군내면 - 대성동 마을)

about dmz 1
철원
CHEORWON
화천
HWACHEON
양구
YANGGU
about dmz 3
고성
GOSEONG
인제
INJE
포천
OCHEON
동두천
DONGDUCHEON
춘천
CHUNCHEON

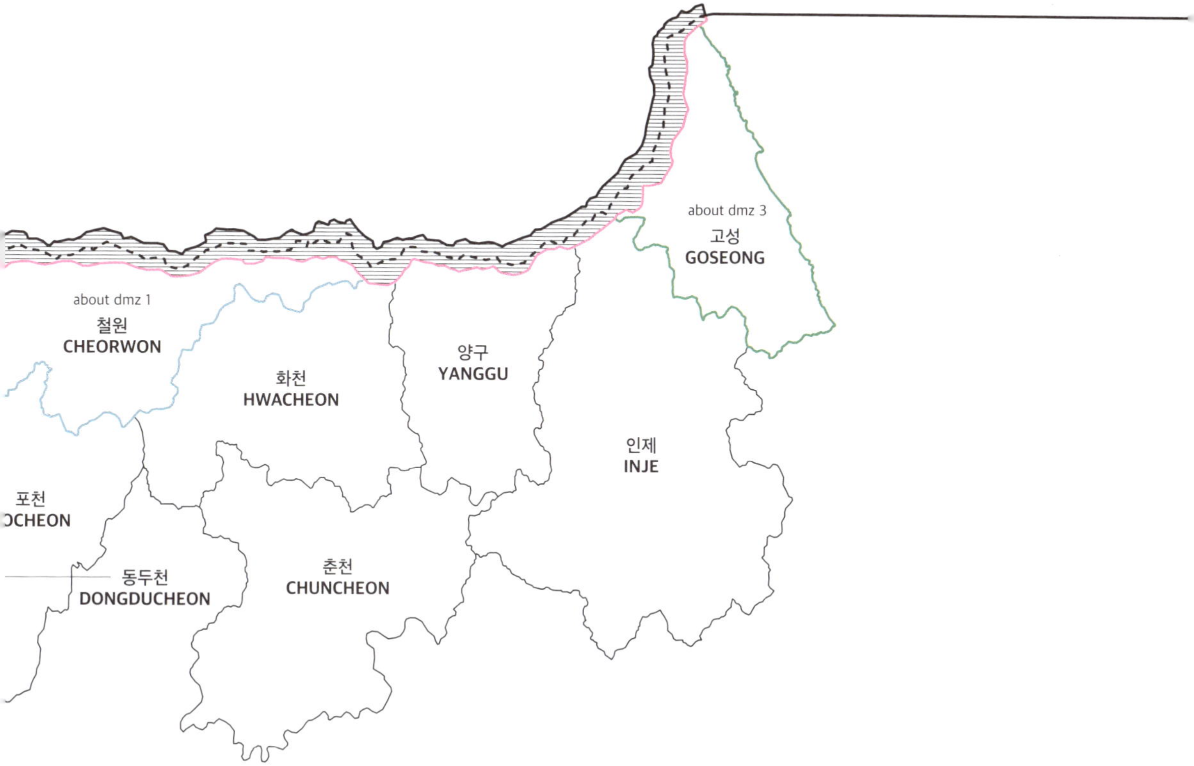

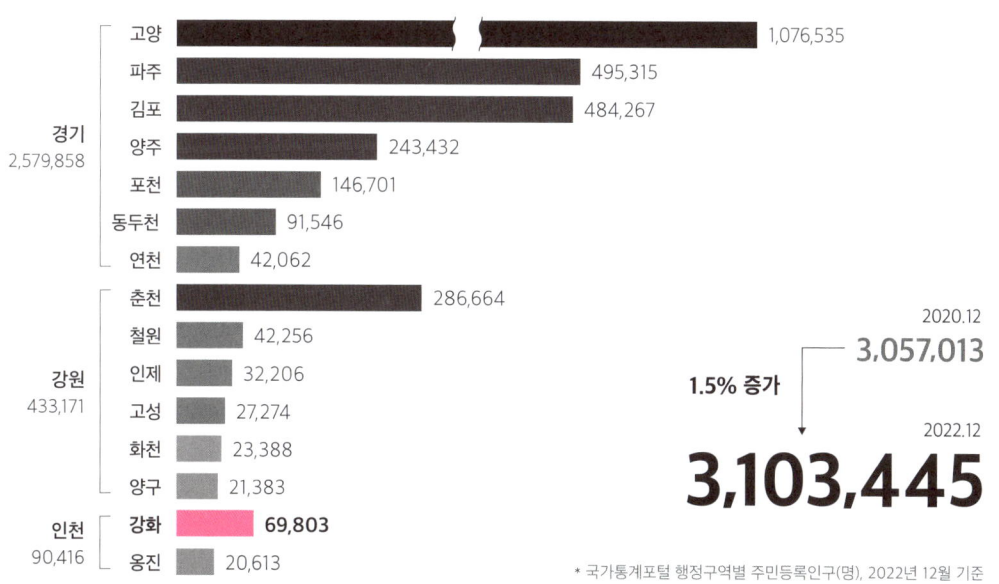

인구

경기
2,579,858
고양 1,076,535
파주 495,315
김포 484,267
양주 243,432
포천 146,701
동두천 91,546
연천 42,062
강원
433,171
춘천 286,664
철원 42,256
인제 32,206
고성 27,274
화천 23,388
양구 21,383
인천
90,416
강화 69,803
옹진 20,613

2020.12
3,057,013

1.5% 증가

2022.12
3,103,445

* 국가통계포털 행정구역별 주민등록인구(명), 2022년 12월 기준

강화군

행정구역

총 인구수
69,803명

* 국가통계포털 행정구역별 주민등록인구(명), 2022년 12월 기준

연령 분포 그래프

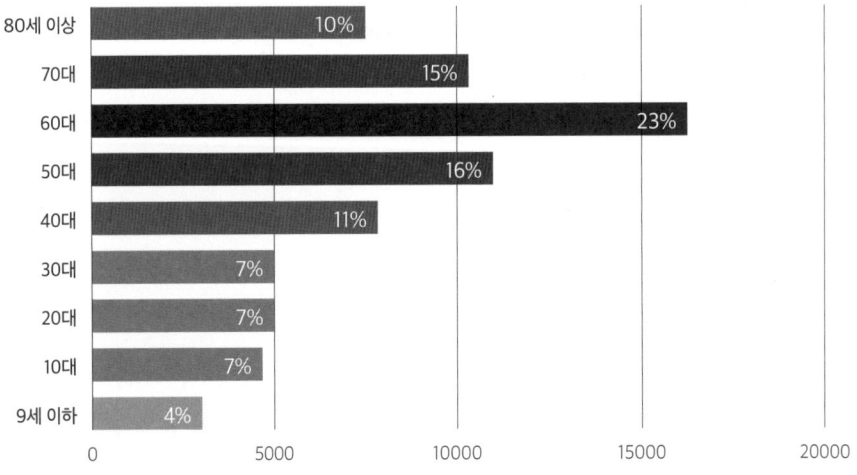

* 국가통계포털 행정구역별 주민등록인구(명), 2022년 12월 기준

산업

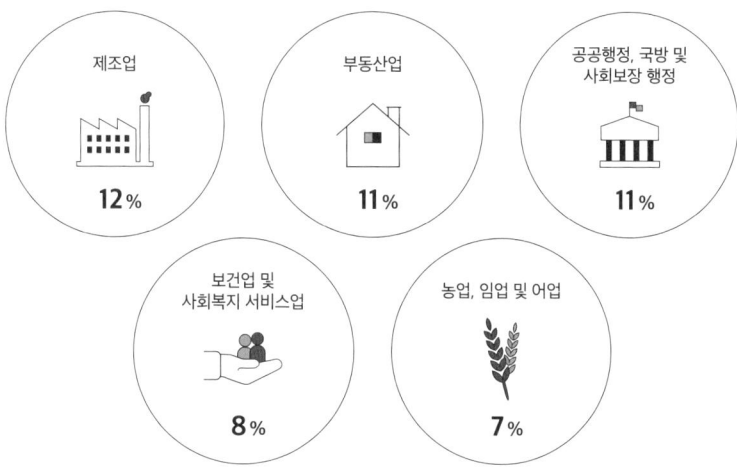

* 국가통계포털 2020년도 경제활동별 지역내총생산(약 1.6조원)

면적

Focus | 데이터로 본 강화

플로팅 강화

① **기원전 1000년**
강화 고인돌

② **1200년대**
간척 시작 (전체 면적의 30%, 1만 3천 ha)

③ **1953년**
한국전쟁으로 인한 남·북 분단

④ **1970년**
강화대교 개통

⑤ **2002년**
강화초지대교 개통

⑥ **2014년**
교동대교 개통

⑦ **2017년**
석모대교 개통

⑧ **2023년**
화개정원 개원

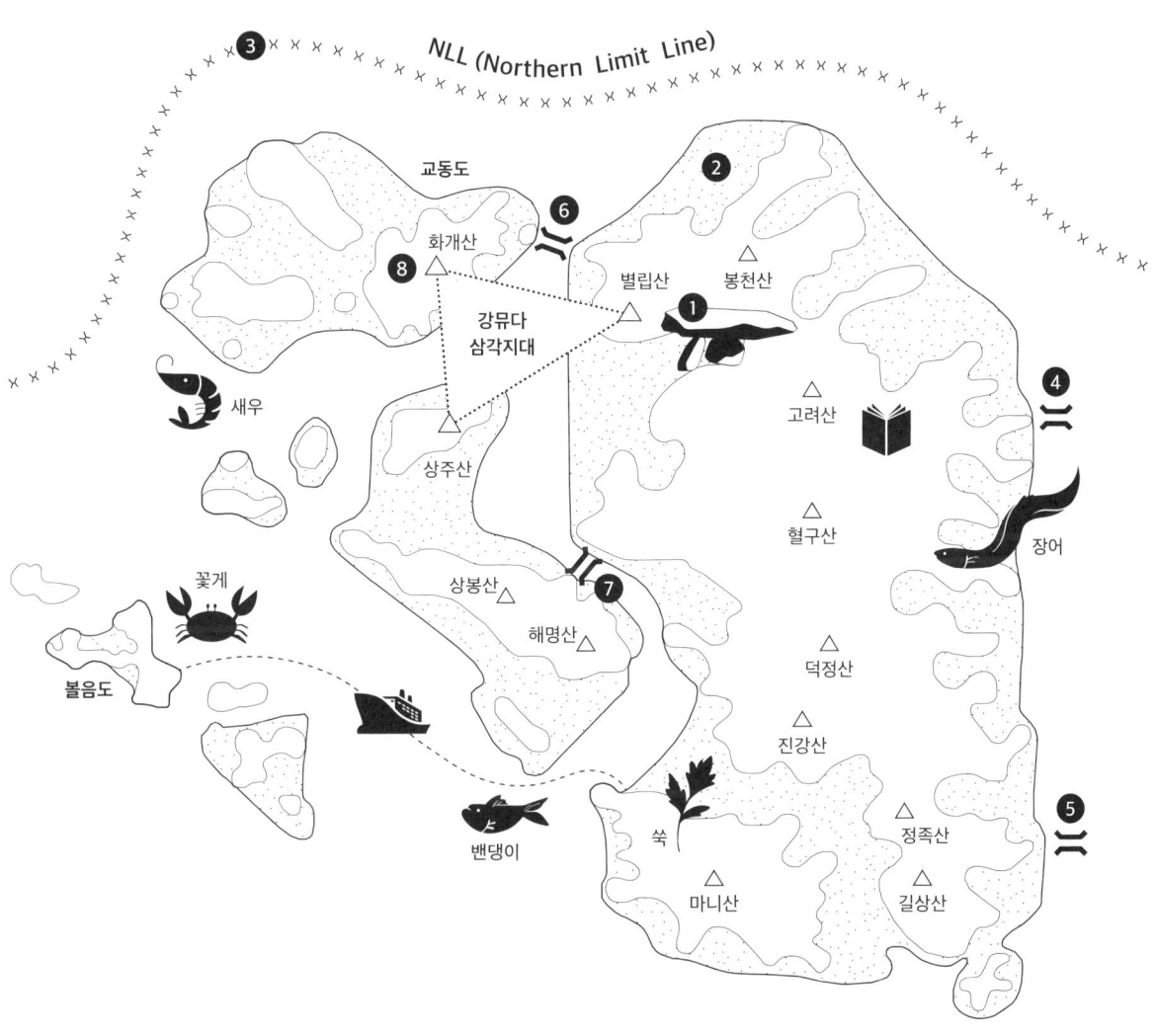

Focus | 데이터로 본 강화 29

GANGMUDA TRIANGLE

editor 윤승용
photographer 윤승용

강뮤다 삼각지대

걷다 보면 머릿속의 고민과

스트레스가 실종되는 바로 그곳!

강뮤다 삼각지대로 떠납니다.

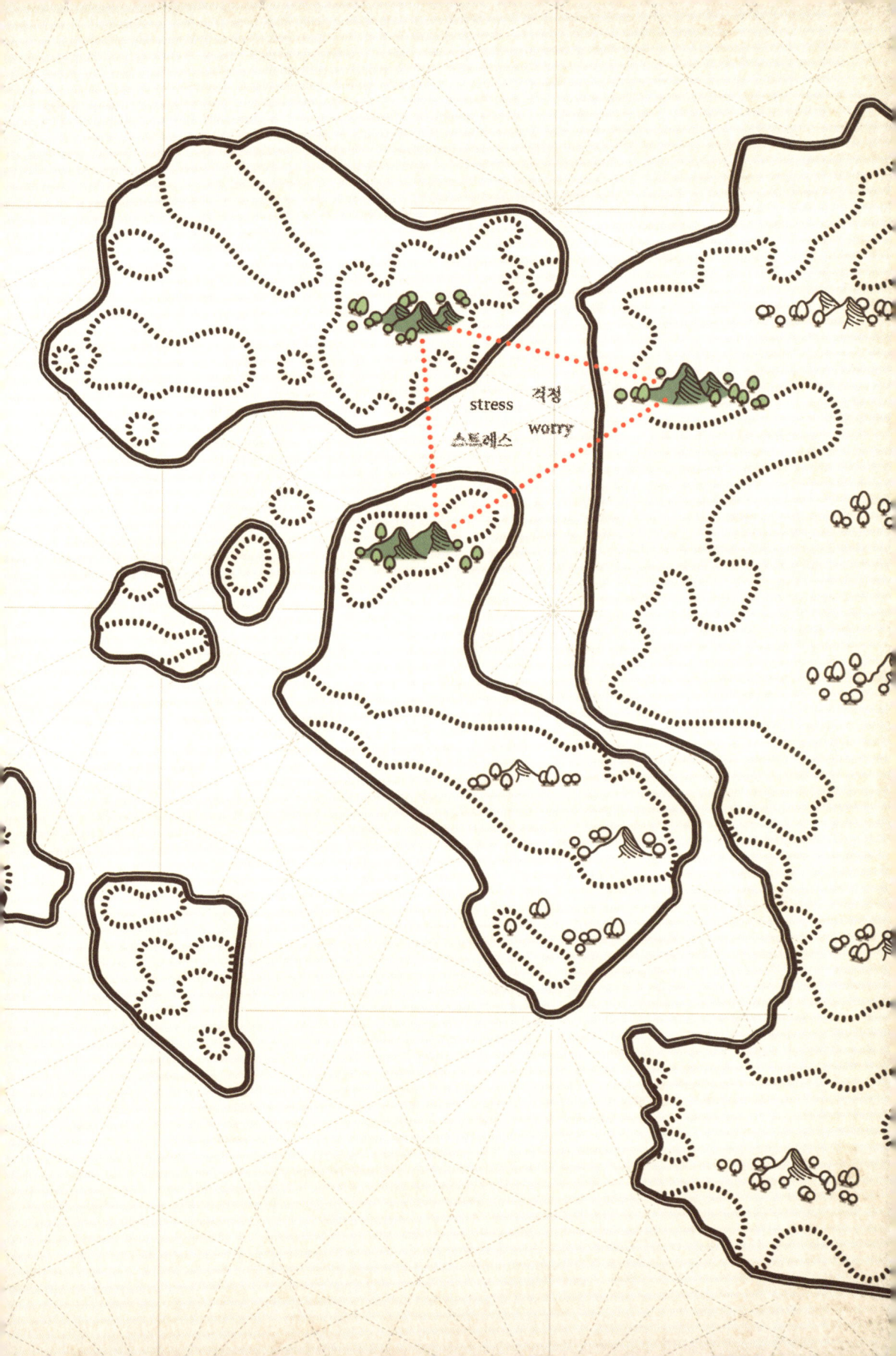

Intro

강뮤다 삼각지대에 접근하기란 생각보다 쉽지 않습니다. 강화도, 석모도, 교동도, 세개 섬의 모서리에 위치하기 때문이죠. 바닷길로는 갈 수 없으니 차를 타고 뱅뱅 돌아야만 합니다. '가장 가기 쉬운 한 군데만 찍고 오면 안되나?'라고 생각할 수 있지만, 세 군데를 모두 가야만 완벽한 효과를 얻을 수 있죠. 순서도 중요합니다. 석모도의 상주산(제1각) → 강화도의 별립산(제2각) → 교동도의 화개산(제3각)을 추천합니다. 자 그럼, 강뮤다 삼각지대로 출발합니다.

알아둘 점

- 강뮤다 삼각지대는 등산보단 쉽고 산책보단 어려운 여행 코스에요.
- 세 개의 산 모두 낮고 짧기 때문에 간단한 물과 간식 정도만 챙기세요.
- 제1각, 상주산과 제2각, 별립산은 암반이 많고 경사가 급한 구간이 있어 등산화가 필요해요.
- 제3각, 화개산은 모노레일이 있어 남녀노소 누구나 정상에 갈 수 있어요.

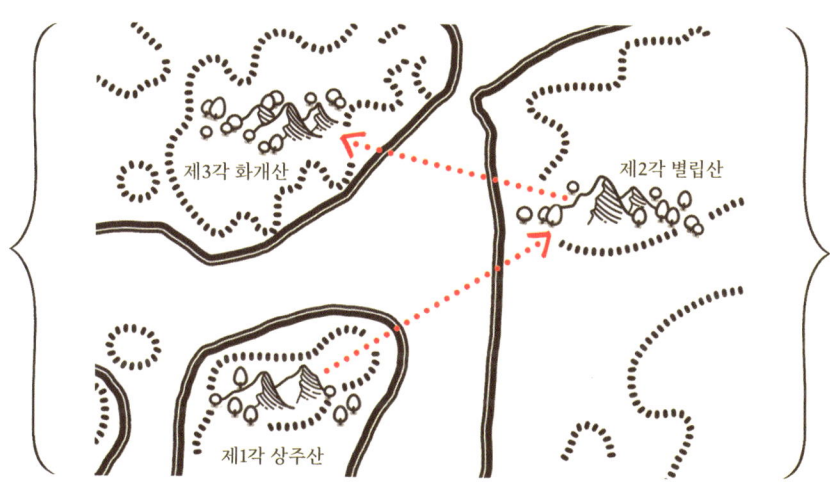

제1각
상주산

· 시작점 : 인천광역시 강화군 삼산면 상리 산110-1
· 왕복거리 : 2km (소요시간 1시간 반)

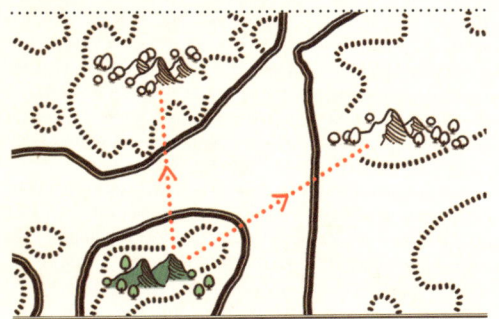

이정표에 그려진 상주산 등산 코스는 거의 직선으로 참 간단합니다. 초반부는 흙 길에 야자수 매트가 깔려 있고, 팔각정도 있어서 편하게 등산할 수 있죠. 하지만 방심은 금물. 중반을 지나다 보면 갑자기 안전을 위한 로프 난간과 암반들이 보이기 시작합니다. 거리는 짧지만 정상으로 가는 길은 꽤 험난합니다. 꼭 등산화를 신고 가세요.

중간중간 시야가 열릴 때마다 감탄이 절로 나옵니다. 눈 앞에 펼쳐진 바다와 산, 논의 모습이 아름답거든요. 하지만, 멋진 풍경은 정상에서 보기로 하고 부지런히 움직입니다. 정상 직전 마지막 관문은 급경사로 암반 길을 오르락내리락해야 해요. 로프를 꼭 잡고 올라가 봅니다. 강뮤다 삼각지대, 제1각 상주산 정상에 오르면 동쪽 강화도, 서쪽 교동도, 남쪽 석모도, 북쪽으로는 바다와 교동대교가 시원하게 보입니다. 가만히 앉아 있으니 세찬 바람이 머릿속까지 시원하게 하네요.

제2각

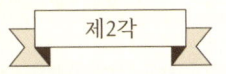

별립산

· 시작점 : 강화군 하점면 창후리 쪽 공터

· 왕복거리 : 4km (소요시간 2시간)

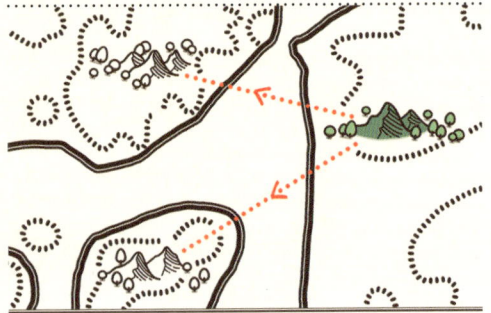

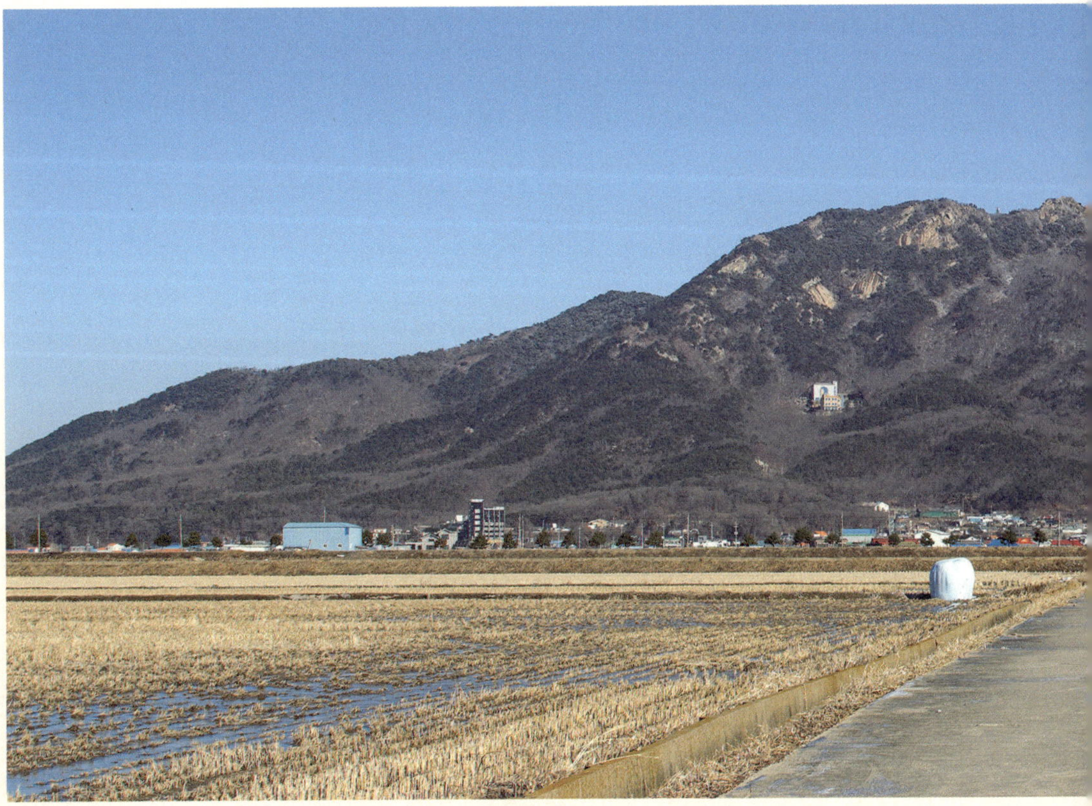

딱 정해진 별립산 등산로 입구나 주차장 정보는 찾을 수 없었습니다. SNS나 블로그에서 사람들이 많이 간다는 창후리 쪽으로 무작정 출발합니다. '별립'이라는 이름은 주변의 산들과 연결되지 않고 따로 떨어져 있다고 해서 붙여졌다고 합니다.

별립산의 남쪽 망월평야에서 바라보면 우뚝 솟아있는 별립산의 모습이 참 예쁩니다. 육지에서는 겹겹이 포개지는 산들의 모습이 아름답다면, 섬에서는 하나의 산을 여러 각도에서 볼 수 있는 게 매력인 것 같습니다.

산을 오를 때의 느낌은 강화의 다른 산들과 큰 차이가 없습니다. 다만, 전망 포인트에 올랐을 때 보이는 섬들의 모습이 특별합니다. 육지에서는 꽤 힘들게 높은 곳까지 올라야 탁 트인 시야가 확보되지만, 강화에서는 200~300m만 올라도 훌륭한 장관을 감상할 수 있거든요. 쉽게 말해, 노력에 비해서 가성비가 끝내주죠.

별립산 정상에서는 남쪽으로 고려산과 혈구산의 능선을 감상할 수 있고, 서쪽으로는 석모도와 교동도 사이로 바다가 보입니다. 아쉽게도 별립산의 북쪽은 숲으로 막혀 조망할 수 없습니다. 사실 우리가 오를 수 있는 정상은 진짜 정상이 아니기 때문이죠. 별립산은 군사적으로 중요한 장소라 진짜 정상에는 군사시설이 있고, 등산객들은 이곳에서 멈춰야 합니다.

제3각

화개산

· 시작점 : 강화 화개산모노레일주차장
· 왕복거리 : 4km (소요시간 2시간)

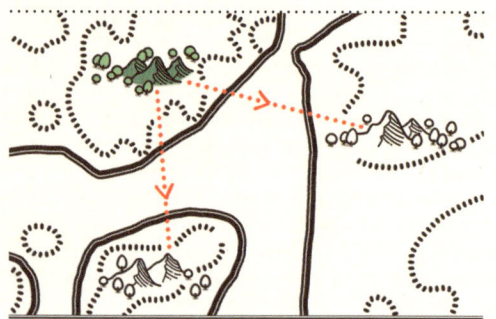

화개산은 등산보다는 관광이 어울리는 산입니다. 초입부터 정상까지 화개정원이라는 이름으로 공원이 조성되어 있는데, 정상에 가는 방법은 두 가지입니다. 꽃들 사이로 잘 조성된 도보길을 따라 천천히 올라가거나 편안하게 모노레일을 타고 갈 수 있죠. 모노레일은 왕복 티켓만 구매가 가능한데 인기가 많아서 기다리기 일쑤입니다.

티켓을 구매할 때 기차표처럼 시간을 정해주니까 잠시 화개정원 산책을 즐겨보세요. 모노레일을 타고 20분을 오르면 화개산 정상인 스카이워크에 도착합니다. 스카이워크는 다양한 방향으로 주변 지역을 조망할 수 있죠. 가장 메인 스테이지인 북쪽 전망공간에서는 북한의 연백평야까지 한눈에 들어오네요. 전망대 바닥이 투명해서 무섭지만 용기를 내면 최고의 뷰를 감상할 수 있답니다.

아참, 우리의 목적은 강뮤다 삼각지대라는 것을 잊으면 안돼요. 전망대 뒤쪽으로 이동하면 석모도와 함께 강화도의 여러 섬들을 볼 수 있고, 좀 더 왼쪽으로 시야를 옮기면 제1각, 상주산과 제2각, 별립산을 볼 수 있습니다. 드디어 강뮤다 삼각지대의 마지막 조각을 찾았네요.

도전!
강뮤다 삼각지대

어디에도 나와있지 않은 여행길을 만들어 떠난 것은 호기심 때문이었어요. 매번 교동대교를 건널 때면 각자의 섬에서 마중 나온듯한 세 개의 산이 신기했거든요. 마치 하나의 산이었는데, 오랜 시간 땅의 모양이 변화하면서 이산가족이 된 것은 아닐까 하는 상상도 해봤죠. 사이를 가로지르는 바닷물은 얕고 파도 하나 없이 잔잔해서 마치 넓은 호수 같이 보이는 것도 매력적이었고요. 그러다 '산에 올라 보면 또 다른 매력이 보이지 않을까'했고, '똑같은 공간을 여러 각도에서 보면 어떨까'하는 호기심이 생겨난 거죠.

강뮤다 삼각지대에 속한 세 개 산의 높이를 모두 합쳐봤자 900m 남짓이에요. 거기에 화개산은 모노레일을 이용하니 저처럼 등산 초보자라도 쉽게 여행할 수 있죠. 겨울에 한 번, 여름에 한 번 강뮤다 삼각지대에 다녀왔어요. 등산은 오히려 가지가 앙상한 겨울이 편했고, 정상에서 바라보는 뷰는 푸르른 여름이 더 좋았어요. 봄과 가을에는 얼마나 더 멋지고 좋을지 기대가 되네요. 여러분이 다녀와서 꼭 알려주세요.

여행은 생각보다 더 만족스러웠어요. 산 위에서 바라보는 뷰가 가장 좋았죠. 내륙에서 산을 오르면 온통 초록인데, 섬에서 바라보는 모습은 파란색으로 가득해요. 제1각, 제2각, 제3각에서 촬영한 사진을 모아 보는 것도 새로웠어요. 같은 공간도 배경에 따라 다르게 보이기도 하고, 내가 다녀온 건너편 산을 바라보는 것도 재밌더라고요. 소소한 미션을 클리어 했다는 성취감도 들었죠.

'강뮤다 삼각지대'라는 이름은 세 개 산을 지도 위에 직선으로 연결하면 대서양의 유명한 '버뮤다 삼각지대'를 닮은 모양의 삼각형이 그려져 붙여 본 이름입니다. 항공기, 선박, 사람, 모든 것이 사라진다는 버뮤다 삼각지대처럼, 강뮤다 삼각지대에 오르니 복잡했던 머릿속의 고민과 스트레스가 한 번에 깨끗해지는 것을 보니 이름 한 번 참 잘 지은 것 같아요.

걷다 보면 머릿속의 고민과

스트레스가 실종되는 바로 그곳!

강뮤다 삼각지대로 떠나보세요.

editor 박한솔
photographer 윤승용·박한솔

잃어버린 포구를 찾아서

그 많던 포구는
어떻게 되었을까?

교동도(喬桐島). 강화도 서쪽에 있는 섬이자 우리나라에서 14번째로 큰 섬입니다.* 서울과 가깝지만 물살이 험해, 과거 왕족의 유배지로 각광을 받기도 했다지요. 고려시대에는 중국 사신들이 이용하는 관문일 정도로 교동도는 중요한 바닷 길목이었습니다. 그러나 지금, 교동도에서 선박을 만나기란 참 어렵습니다. 실제로 교동도 주민 3천여 명 중 어업에 종사하는 사람은 20명 안팎에 불과합니다. 어민이 1%도 안 되는 섬이 과연 또 있을까요.

어쩌다 교동도는 섬이지만 어촌은 아닌 곳이 되었을까요? 그 시작은 어로한계선**에서 찾을 수 있습니다. 1964년에 설정된 어로한계선은 안전상의 문제로 서해와 동해에 어업활동을 할 수 없는 구간을 표시한 선입니다. 바다를 면한 몇 지점들을 설정하고 그 점과 점을 연결한 가상의 선이죠. 서해 어로한계선도를 보면 교동도는 어로한계선의 북쪽에 위치합니다. 공식적으로 어업이 금지된 섬이 된 것이죠. 아! 교동도 읍내리 남산포항 선착장 최끝단을 제외하고는요.

어로한계선이 있다고 어업이 전혀 불가능한 건 아니었습니다. 지역민의 생계를 위하여 군 당국이 허락한 어업은 가능했고 가상의 선이라 사실상 명확하게 금지할 방법도 없었거든요. 교동도에서 어촌이 없어진 진짜 이유는 해안선의 철조망입니다. 1998년부터 설치되어 지금은 섬의 3분의 2가 철조망으로 가로막혀 있습니다. 바다로 나갈 수 없는 섬이 된 거죠.

"그 많았던 포구는 어떻게 되었을까?" 이 작은 질문에서 교동도 여행이 시작되었습니다. 여행이라기보단 탐사에 가깝겠네요. 강화도에서 연결되는 교동대교를 건넙니다. 군인이 다가옵니다. 교동도가 결코 보편적인 섬이 아님을 체감하는 순간입니다. 군인이 건네준 종이에는 생각지도 못하게 큐알코드가 있네요. 검문도 점차 첨단으로 바뀌나 봅니다. 검문소를 통과하여 다시 육지, 교동도에 도착했습니다.

오늘의 탐사는 교동대교 오른쪽부터 시작합니다. 해안선을 따라가다보면 교동도의 포구들을 만날 수 있을 겁니다. 그 흔적과 풍경을 담아보렵니다.***

---

* 교동도는 3개의 섬이었지만 삼국시대부터 조선시대까지 이어진 간척사업으로 본래 크기의 약 5배 정도로 커졌다고 합니다.
** 선박안전조업규칙으로 법문에 등장한 어로한계선은 2020년 8월 삭제되었습니다.
*** 실제로는 여러 날에 걸쳐 교동도 포구의 흔적을 찾았으나, 독자들의 이해를 위하여 각색하였음을 밝힙니다. 사진마다 계절이 조금씩 달라도 놀라지 마세요.

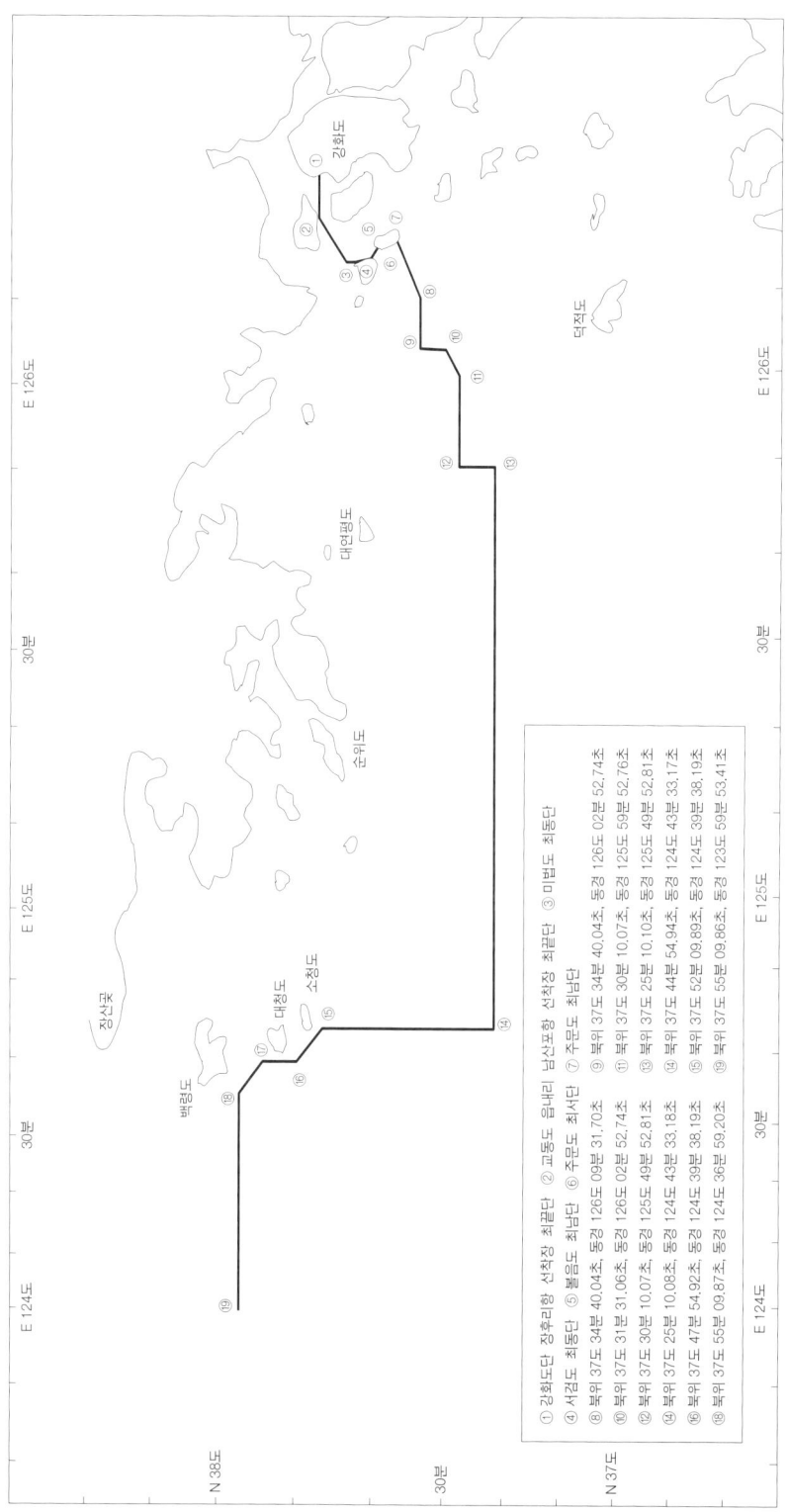

서해 어로한계선도

#1 호두포

처음부터 쉽지 않습니다. 교동대교 우측, 툭 튀어 나온 언덕이 호두포인 듯하지만 자동차로는 갈 수 없네요. 출입금지 경고문이 괜스레 사람의 마음을 조마조마하게 합니다. 용기를 내 철조망을 따라 걷다가 이내 포기합니다. 길은 힘하고 어디까지 이어 진지도 모르겠습니다. 확실한 건 민간인이 이 길을 걸으면 안 될 것 같다는 생각. 차를 타고 건너편에서 다시 한번 도전해야겠습니다.

논을 따라 달리다 보니 아까보다 호두포에 더 가까워 진 것 같습니다. 바다를 따라 조성된 논의 배수로 때문에 철조망이 더 멀리, 더 큰 존재감으로 다가옵니다. 언덕과 출입금지 안내문을 만났습니다. 이 언덕 넘어 해변 어딘가가 호두포일 겁니다.

전쟁 이전까지 호두포는 교동도에서 크게 변화한 포구였습니다. 조수간만으로 물살이 힘한 교동도에서 가장 동쪽에 위치하여 조수간만의 영향을 거의 받지 않았기 때문이죠. 거기다 위치상 강화도에 가장 가까운 포구이기도 하니 더 많은 사람이 이용했을 겁니다. 하지만 지금의 저에게는 접근조차 허락되지 않네요.

#2 낙두포

여전히 철조망으로 둘러싸인 해안가입니다. 최대한 가까이 갈 수 있는 데까지 다가갑니다. 바다 건너는 왠지 미묘하게 달리 느껴집니다. 보이는 육지가 북한이라 그런가 봅니다. 교동도의 논과 다를 것 없는 평야가 생경하기만 합니다.

#3 북진포

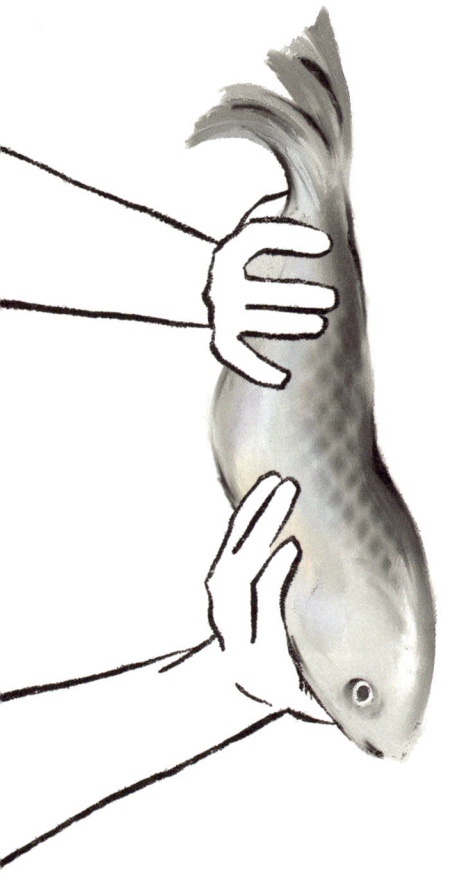

바다를 따라 서쪽으로 한참을 가다 보니 또 다른 마을을 만났습니다. 인사리. 북한과 가장 가까운 마을이라고 하네요. 인사리의 북진포에서 북한 황해남도 호동면까지는 불과 2.6km 거리입니다. 육안으로도 볼 수 있는 거리지만 둑 위의 철조망이 가로막고 있네요. 그래서인지 마을에서는 망향대이자 전망대로, 2층 높이의 정자를 세웠습니다. 북한이 고향인 사람들이 이곳에서나마 강 건너를 바라볼 수 있도록요.

인사리에서는 일 년에 한 번, 바다로 나갈 수 있는 날이 있습니다. 바로 어버이날이죠. 어버이날이면 숭어를 잡아 마을 어른들께 대접하던 문화를 잇기 위하여 이날만큼은 철조망의 문이 열립니다. 숭어를 잡을 수 있는 곳은 인사리 옆 마을 앞 갯벌입니다. 군부대에서 지정한 장소에서만 숭어잡이가 가능하기 때문에, 어버이날이면 인사리 외에도 주변 마을들의 청년회들이 다 같이 모여든답니다. 청년회지만 가장 젊은이가 50대 중년이죠. 나이 든 청년들은 철조망이 들어서기 전, 하루에 두 번은 그물을 들고 나가 숭어를 잡았다며 옛 기억을 떠올립니다.

교동도의 가장 북쪽에 위치한 포구인 북진포는 해동지도(海東地圖)와 같은 고지도에서부터 북진으로 기록된 것을 보아 아주 오랫동안 불려온 이름이자 사용된 포구입니다. 인사리의 갯골이 북진포로 추정되지만, 지금은 간척되어 포구의 모습을 볼 순 없습니다. 과거 북진포는 교동도에서 생산된 쌀을 반출하는 포구였습니다. 그래서 포구 주변에는 벼를 보관하는 창고들 외에도 여관, 양조장 등 일꾼들을 위한 여러 시설이 있었죠. 작은 마을 인사리가 300호가 넘는 큰 마을이었다니. 철조망으로 가려진 바다를 보며 그때의 북진포, 인사리를 상상해봅니다.

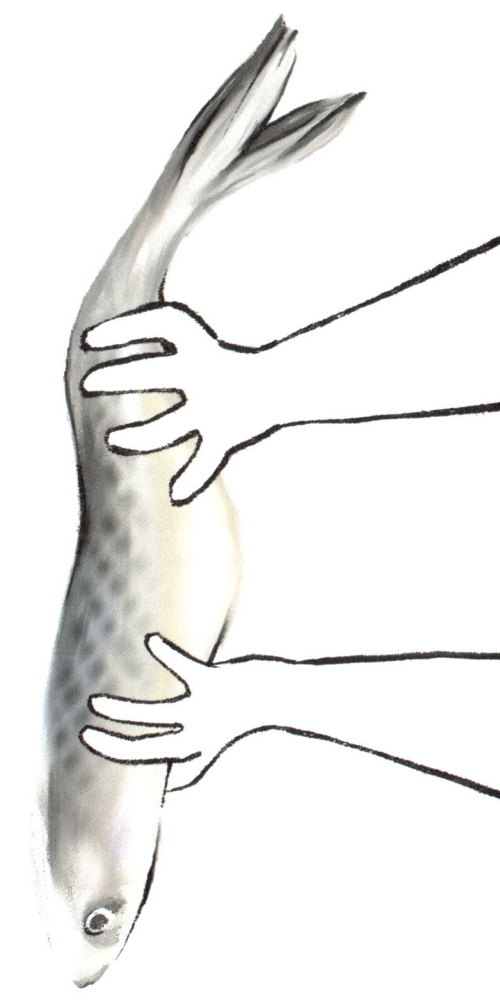

#4 율두포

한적한 시골마을에 차들이 꽤 많습니다. 다들 교동망향대에 가는 모양입니다. 율두산(밤머리산) 끝자락에 자리잡고 있는 망향대는 소문대로 북한의 비봉산, 남산, 연백평야가 손에 닿을 듯 가깝게 보입니다. 울창한 나무들 사이로 보이는 강과 그 너머의 풍경이 참 절경입니다.

율두포는 교동망향대 바로 아래의 물가입니다. 황해도 연백군과 교동도를 잇는 나루터였죠. 교동향토지에 따르면, 율두포 주변 주민들은 나룻배를 타고 북한의 연안읍장이나 강화 본섬의 강화읍장을 가곤했다고 합니다*. 섬에서 구하기 힘든 솥이나 가축을 사오곤했던 것이죠**.

* 재인교동면민회, 교동향토지, 1995
** 인천문화재단, 격강천리의 섬이 된 교동도 그리고 사라진 포구, 2022

포구를 찾아 떠나는 길. 교동도에는 참 쭉 뻗은 길이 많습니다. 그중 가장 길고 곧은 길은 양갑리의 교동서로입니다. '11번 군도'라고도 불리는 교동서로는 말 그대로 군사적 목적으로 만들어진 군용도로입니다. 논 사잇길이 무슨 군용도로냐 할 수도 있지만 6.25 전쟁 당시 활주로로 사용된 아주 중요한 길이었죠. 전투기들이 이착륙하는 모습을 상상하며 다음 포구를 찾아 다시 길을 나섭니다.

#5 말탄포

교동도에서 가장 인적이 드문 곳입니다. 대중교통도 다니지 않죠. 이름부터가 말탄, 맨 끝에 위치한 여울이라는 뜻이죠. 교동도의 서쪽 끝이라 북한과 관계가 없을 것 같지만 전혀 아닙니다. 북한 황해남도가 교동도를 감싸고 있어 말탄포에서도 북한은 약 2km로 아주 가깝습니다. 북쪽이 아닌 서쪽으로요. 좁은 바다 폭은 북한 주민의 귀순길로도 많이 사용되었다고 합니다. 2013년에도 북한 주민 두 명이 말탄포 부근으로 귀순을 했다고 하니 그리 먼 옛날이야기도 아니네요.

말탄포는 교동도에서 유일하게 한국수산지에 언급된 포구입니다. 그만큼 어업이 활발했던 포구였던 것이죠. 주로 잡어와 새우가 잡혔고 주요 판매처는 경성시, 인천시로 적혀있는데, 교동도 내부보다는 외부의 큰 도시에 판매했던 것 같습니다. 새우잡이가 유명하여, 말탄포에는 교동도의 배보다 충청도와 황해도에서 온 타지의 배가 더 많았다고 합니다.* 100척 이상의 배가 가득했다고 하니, 말탄포의 새우잡이 인기가 가늠되시나요?** 밤만 되면 새우잡이 배 불빛과 어부들의 노랫소리가 가득했던 말탄포의 앞바다. 경작지의 수로와 철조망으로 지금은 바다조차 보이지 않네요.

* 인천문화재단, 격강천리의 섬이 된 교동도 그리고 사라진 포구, 2022

** 매일신보, 강화도에 하군살도(蝦群殺到), 1937년 5월

Scene | 잃어버린 포구를 찾아서

교동도의 가장 남쪽, 애기봉에 왔습니다. 살짝 솟은 봉우리가 애기봉인 듯합니다. 다른 지역에도 봉우리 이름으로 많이 사용되는 애기봉은 보통 정인을 기다리는 '애기'라는 여인에 관한 설화가 있습니다. 교동도의 애기봉도 그러한지는 모르겠지만 바다를 만나는 언덕은 꼭 누군가를 기다리고 있는 듯합니다.

애기봉에서 철책 바다를 따라 걷습니다. 끝나지 않을 것 같던 철책선의 마지막이네요. 한 편에는 철책으로 막힌 바다가, 또 한 편에는 뻥 뚫린 바다가 펼쳐지는 참 생경한 풍경입니다.

삐용삐용~ 지금 서 계신 이 곳은 군사보호구역입니다.

카메라에 풍경을 담는 순간, 사이렌과 함께 큰 소리로 방송이 나옵니다. '설마, 나 때문인가?' 괜스레 두려운 마음에 휩싸이는데 저 쪽에서 군인 한 명이 뛰어 내려오네요. 군 시설인 해당 장소는 촬영하고 유포하면 안 된다는 주의와 실물 사진을 쓰지 않겠다는 약속을 받고 헤어집니다. 남북의 분단이 다시금 와닿는 순간입니다.

#6 죽산포

뻥 뚫린 바다를 마주한 낚시꾼을 만났습니다. 많지는 않지만, 바다에 떠 있는 배와 포구에 정박한 배 한두 척도 보입니다. 철책이 뚫리니 드디어 어촌다운 풍경이네요. 포구를 멍하니 바라봅니다. 정박하는 배가 너무 많아 돛대가 마치 대나무 숲같이 보였다는 죽산포. 한가로운 포구가 쓸쓸하게 다가오네요.

#7 빈장포

고기잡이로 가득했던 빈장포는 전쟁 이후 교동도 청년들의 인기 데이트 장소가 되었다고 합니다. 섬 처녀와 총각이 철조망 없는 바다를 찾아 나선거죠. 수영을 즐긴 뒤 돌구이를 먹던 추억 이야기가 가득합니다.

양식장이 된 빈장포에서는 포구의 흔적이 보이지 않습니다.

#8 남산포

남산포에 정박한 선박과 갈매기가 포구가 사라진 빈장포에서의 아쉬운 마음을 달래줍니다. 1970년대까지 남산포는 교동도의 물자를 실어 나르던 물류 거점이었습니다. 거대한 배가 포구에 정박할 수 없어 작은 배들로 사람과 물건을 내리기 일쑤였습니다. 교동도의 주요 통행로가 월선포로 이동한 이후 남산포의 역할은 점차 줄어들었습니다.

작고 한적한 시골 포구의 모습을 한 지금과 달리, 남산포는 서울(한성)의 방어를 위한 삼도수군통어영이 있던 역사적인 포구입니다. 서울, 경기도, 황해도, 충청도까지를 관장하던 부대가 있던 곳이라니. 과거 교동도가 참으로 중요한 곳이었던 건 확실해 보입니다. 지금은 삼도수군통어영 모습을 찾아보긴 어렵습니다. 마을 안쪽에 배를 묶어두던 계류석 1개가 유일한 흔적입니다.

마을 내 계류석을 찾았습니다. 집과 집 사이 비상하게 생긴 돌 하나가 우뚝 솟아있습니다. 그나저나 배를 묶어두던 계류석이 왜 마을 안쪽에 자리 잡고 있는 것일까요? 강화군 전체가 그러하듯 교동도 삼국시대부터 꾸준히 간척을 해왔습니다. 삼도수군통어영이 있던 조선시대의 해안은 바로 이쯤이었던 것이죠.

버려진 자전거와 흙더미 속에 있는 계류석이 왠지 쓸쓸해 보입니다. 화려했던 남산포의 사라진 영광같달까요. 자꾸만 뒤돌아보게 되네요.

#9 동진포

남산포의 삼도수군통어영 설치와 함께 설치된 동진포는 서울과 인천, 해주를 연결하는 관문이었습니다. 특히 중국으로 가는 하정사신은 교동도에서 날씨를 살핀 뒤 바다로 나섰는데, 바로 동진포에는 이들의 숙소인 동진원이라는 객사가 있었다고 합니다. 또한, 동진포에는 교동읍성의 남문에서부터 이어지는 노점 형태의 시장, 장거리가 있었죠. 아마도 동진포가 강화 본섬과 석모도를 연결하는 포구의 역할을 해왔기 때문인 듯합니다.

강화도와 석모도가 보이는 잔잔한 바닷길을 따라 길이 보입니다. 마지막 포구인 월선포를 향해 걸어갑니다.

#10 월선포

월선포는 2014년 교동대교가 개통하기 전까지 교동도의 유일한 출입구였습니다. 건너편 강화군 창후리 선착장에서 배를 타면, 이곳 월선포까지 15분이면 도착하였죠. 조수간만의 차가 커서 물때에 따라 멀리 돌아 가기도 해서 40분이 넘게 걸릴 때도 있긴했지만요.

지금은 사용되진 않지만, 월선포 선착장 대합실도 그대로 남아있습니다. 배를 기다리는 차와 사람들로 가득했던 월선포는 이제 차박과 낚시의 공간으로 알려져 있다고 합니다. 어업행위를 금지한다는 경고문이 곳곳에 설치되어 있지만요. 포구 주변에 전시된 월선포 옛 모습에도 낚시꾼이 가득한 걸 보니 그때에도 월선포는 낚시포인트로 유명했나 봅니다.

저 멀리 교동대교가 보입니다. 드디어 교동도 한 바퀴가 완성되나 봅니다. 월선포를 지나 교동대교로 가는 길. 저 멀리 뻥 뚫린 바다가 보이다 금세 철책으로 막힌 바다로 변했습니다.

섬이지만 바다를 만나기 어려운 섬, 교동도.
언제쯤이면 교동도 바다를 편하게 바라볼 수 있을까요?

강화, 강화

N달살이, 워케이션, 촌캉스. 도시를 떠나 시골에서 보내는 휴가가 나름의 트렌드가 되었다. 도시로 돌아왔을 때 훅 느껴지는 답답함은 귀촌을 떠올리게 하지만, 막상 실천하기엔 장벽이 너무나 높다. 인간관계와 문화생활도 걱정이지만 '일자리'는 어떻게 할 것인가?

하지만 강화에는 하고 싶은 일을 하며 살아가는 청년들이 있다. 아니, 많다. 서해 뷰가 펼쳐지는 곳에서 찻집을 운영하는 한희, 자연 속에서 제로웨이스트 숙소를 운영하는 지연, 그리고 강화의 풍경과 그 속에서 보내는 일상을 기록하는 하나. 저마다의 방식으로 강화에서 삶을 꾸려나가고 있는 이들에게 같은 물음을 던졌다.

editor 마가윤
photographer 마가윤·박한솔

한희 동남아에서 10년 정도 살았어요. 계속 살 생각이었고요. 그런데 코로나19가 터졌죠. 직장이 문을 닫았고, 어쩔 수 없이 한국으로 돌아왔어요. 다른 선택지가 없었죠. 앞으로 어떻게 살아야 할지 고민이 많았어요. 그때 카페가 떠올랐어요. 막연하게 카페를 열고 싶다는 생각이 있었거든요. 하지만 서울엔 이미 카페가 너무 많고 돈도 많이 들어갈 테니 어렵겠다 싶었죠. 생각을 조금 바꿔 도시가 아닌 시골, 강화에 자리 잡게 되었어요. 너무 현실적인가요?(웃음)

지연 동생이 강화에서 1년 살이를 했어요. 데려다 줄 겸, 어떻게 사는지 보려고 강화에 갔었죠. 그러다 집에 가는 길에 장난처럼 "우리도 숙소를 운영해볼까?"라고 말했어요. 그리곤 바로 부동산을 찾아갔어요. 실제로 하게 될지는 상상도 못 했지만요.(웃음) 그런데 마음에 쏙 드는 공간을 발견한 거예요. "강화라서 와야 해!"라는 마음은 아니었어요. 이 공간이 마음에 들어 강화에 오게 된 거죠.

하나 강화에서 나고 자랐어요. 하지만 토박이라 말하긴 민망해요. 대학교에 입학할 때 강화를 떠났고 다시 돌아온 지 얼마 되지 않았거든요. 돌아온 이유는 역시 코로나19. 프랑스에서 유학 중이었는데 학교에 봉쇄령이 내려져 몇 개월 동안 집에만 가만히 있어야 했죠. 그때만 해도 걸리면 죽는 병으로 인지될 만큼 심각한 분위기였어요. 어쩌면 고향에 돌아갈 수도, 가족을 평생 못 볼 수도 있겠다는 생각이 들더라고요. 그렇게 강화로 돌아오게 됐답니다.

강화, 강화

한희 블랜딩 티 전문점 '차완'을 운영해요. 블랜딩 티부터 강화 특산품을 이용한 티, 쉽게 접할 수 없는 동남아 티까지. 다양한 티를 선보이고 있죠. 저는 평소 차를 편하게 마시는 걸 좋아했어요. 그래서 격식 있는 전통 다도가 아니라 퓨전식으로 변형한 다도를 하고 있죠. 하는 일은 많지만 한마디로 정리하자면 제 취향을 가득 담은 찻집을 운영하고 있다고 할 수 있겠네요.(웃음) 그저 음료만 마시는 게 아니라 마당에서 강화를 바라보며 여유로운 시간을 보낼 수 있는 곳이랄까요?

지연 동생과 함께 제로 웨이스트 숙소 '낙토'를 운영해요. 즐거울 '낙(樂)'에 땅 '토(土)', 즐거운 공간이라는 뜻이죠. 처음부터 제로 웨이스트 숙소를 지향했던 건 아니에요. 숙소를 운영하다 보니 손님들이 두고 가는 쓰레기가 생각보다 많다는 걸 알게 됐어요. 어쩌면 우리가 쓰레기 배출을 주도하고 있는 건 아닌가 싶기도 했고요. 그래서 제로 웨이스트를 숙소에 녹이기 시작했죠. 정수기 설치, 잔과 식기 구비, 고체 샴푸와 바디워시 그리고 소창 수건 제공. 날이 갈수록 제로 웨이스트 제품이 늘어나고 있어요. 또, 춤추기나 향초 만들기 같은 원데이 클래스도 운영해요. 저와 동생의 관심사가 워낙 다양하거든요.

하나 시골힙스터란 이름으로 강화의 풍경과 그 속에서의 제 일상을 그리고 있어요. 10년 만에 돌아오니 강화가 새로웠어요. 물이 차 있는 봄의 논은 특별하고, 볏짚이 쌓여있고 비어 있는 겨울의 논은 특이해 보이더라고요. 산책하면서 보는 풍경들이 좋았어요. 그리고 그 풍경들은 제 그림의 소재가 돼요. 강화에 사시는 분들은 가끔 '이런 흔한 풍경을 그린다고?'라고 생각하시기도 해요. 하지만 완성된 그림을 보면 '맞다. 강화가 이랬지. 우리 동네 참 예쁘네.' 하시죠. 일상이라는 이유로 쉽게 스쳐 지나가고, 놓치는 모습을 담고 있어요. 그림, 사진, 영상. 다양한 방식으로 강화의 모습을 기록하는 게 제 일이에요.

한희 전 도시와 잘 맞는 사람이에요. 지금껏 빠르게 움직이고 여유는 없는 도시에서만 살았거든요. 그렇다 보니 처음엔 강화도에서 산다는 게 부끄러웠어요. 실패한 것 같다는 느낌이 들었달까요? 갇힌 삶이라는 기분도 들고요. 그래서 서울로 왔다 갔다 했죠.

그러다 어느 순간, 모든 것을 있는 그대로 받아들이기로 했어요. 시골을 진짜 즐기기로 한 거죠. "시골이라도 낙후되었어도 재밌게 살아보자!" 1년은 서울을 나가지 않고 강화살이에 전념해야겠다고 다짐했어요. 운동할 곳이 없어 사람들을 모아 논바닥을 달리기 시작했고, 차를 들고 하는 요가 '차요가'를 진행했죠. 인생 처음으로 눈을 쓸고 염화칼슘을 뿌려보기도 했고요.

시골 생활을 즐기기 시작했더니 삶이 이전과 많이 달라졌어요. 예전엔 사람들이 왜 시골에 가려는지 이해되지 않았지만 이젠 알겠더라고요. 자칭 타칭 도시 사람이었던 제가 변한 거죠. 그리고 어느 순간 제가 강화에서 이룬 것들이 스스로 떳떳해지더라고요. "저 강화에서 카페 운영해요!"하고 당당히 말할 수 있을 만큼요.(웃음)

지연 서울과 강화를 오가며 살고 있어요. 정착과는 다르겠지만 강화에서 사는 건 잘 맞는 것 같아요. 서울의 삶과 정반대라 더 매력적이죠. 여기에 오면 심적으로 안정되는 느낌이에요. 밤에 엄청 깜깜하거든요. 날 좋을 때면 별도 많이 볼 수 있고요. 무엇보다 사계절을 다 느낄 수 있다는 게 좋아요. 숙소 앞이 다 논밭이라 더 잘 느껴지죠. 봄에는 모내기 전에 물을 다 채워놓는데 바다 같은 느낌이 들어요. 또 여름에는 완전 초록색으로, 가을에는 벼가 익어서 황금 같고요. 겨울에는 약간 황량하지만 나름대로 매력이 있죠. 자연에서 계절의 변화를 느낄 수 있는 강화의 삶이 제게 꼭 맞다고 생각해요.

동생과 함께 숙소를 관리해요. 주택에서 살아봤기 때문에 관리에 익숙한 편인데도 모르는 게 꽤 많더라고요. 유튜브로 공부하면서 익혀나가고 있죠. 다행히 손을 내밀어주시는 분이 많아요. 직접 도와주시거나 해결책을 슬쩍 알려주시죠. 자기 일처럼 생각해주시니 정말 감사해요. 아무도 몰랐다면 막막했을텐데 주변에 비슷한 상황을 겪는 사람들이 있으니까 괜찮은 것 같아요.

하나 매일 오후면 강아지 록키가 다락방에 올라와 저를 뚫어져라 쳐다봐요. 산책하러 가자는 거죠.(웃음) 그렇게 록키와 여기저기 걸으면서 강화의 아름다운 풍경을 기억하고 기록해요. 산책하는 겸 영감을 얻으러 가는 셈이죠. 집에 돌아와 그걸 그리는 거예요.

시골에 살 때는 '없음을 인정하는 태도'가 중요하다고 생각해요. 도시에는 당연히 있는 것들이 시골에는 부족하거나 없는 경우가 많거든요. 그래서인지 도시에 비해 시간이 많고 심심하게 느껴져요. 그 심심함을 채우기 위해선 스스로 재미를 찾아 나서야 하죠. 도시에서는 물건이든 경험이든 여러 선택지 중에서 하나를 골라 구매하잖아요. 시골에선 그럴 수 없으니, 나만의 것을 만들어야 하는 거예요. 그러려면 내가 좋아하는 게 무엇인지 알아야 하죠. 그렇게 나만의 스타일이 생기는 것 같아요. 그게 강화에서의 삶이고요.

한희 타인의 시선을 의식하지 않게 됐어요. 지금 생각해 보면 예전엔 비교를 많이 했던 것 같아요. 친구가 뭘 하면 따라 하게 되고, 괜히 SNS에 자랑하기 위한 게시글도 올리고요. 그런데 강화에선 남들과 다른 삶을 살기 때문인지 타인을 별로 의식하지 않아요. 제 속도에 맞춰 삶을 살아갈 뿐이죠.

그리고 외로움을 활용하는 방법을 익혔어요. 사실 전 외로움을 못 느끼고 사는 사람인 줄 알았어요. 활동적인 성격이라 항상 사람들로 둘러싸여 있었거든요. 강화에 와서 처음으로 제가 외로움을 탄다는 걸 알게 됐어요. 하지만 외로움에 휩싸여 있기보단 그 외로움을 어떻게 활용할 수 있을지 많이 고민했죠.

예전엔 TV를 보거나 친구들에게 전화했던 것 같아요. 서울에 가기도 하고 짝꿍을 찾기도 했죠. 그런데 이젠 외로움을 그 자체로 받아들이고 나에게 집중하는 시간을 늘리고 있어요. 요리를 제대로 해 먹는다거나 책을 읽거나 차를 공부하고 있죠. 외로움이 역설적으로 나를 들여다볼 기회를 준 거예요. 이젠 혼자 있는 게 너무 익숙해졌어요.(웃음)

지연 무슨 일이 터졌을 때 "해결하면 되지!"라는 마음이 강화됐어요. 문제를 해결할 사람이 저와 동생밖에 없어서 그런 것 같아요. 물론 요청하면 도와주는 분들이 있긴 하지만 웬만하면 우리가 직접 하자는 주의죠. 그러다 보니 생활력이 확실히 강해지는 것 같아요. 살아남기 위해서 그런 걸까요?(웃음) 또 자연 속에 있으면 힘든 일이 있다가도 금방 괜찮아지는 것 같아요.

하나 휩쓸리지 않는 법을 알게 됐어요. 저는 성격이 급해요. 그런데도 무언가를 할 때 결과는 천천히 나오는 편이죠. 급한 성격과 결과가 나오는 시간의 차이를 견디는 게 너무 힘들었어요. 빠르게 결과를 만드는 사람들을 보면서 정말 부러워했고요. 또, 내 것이 없다고 느껴질 때면 흔들리고 휩쓸려서 열심히 하다가도 그만두는 일이 잦았어요. 그런데 강화에 오고 나니 내 갈 길을 가야겠다는 생각이 강해졌어요. 사람들의 말이나 시선 같은 외부적인 요인이 적기 때문이라고 생각해요. 그리고 없는 건 없는 대로 인정하게 됐어요. 예전에는 없는 것이 많은 강화에 불만을 가졌다면, 이젠 없으니 내 것을 만들자고 생각하게 된 거예요. 내가 좋아서 사는 강화니까요.(웃음)

한희 시골살이하는 유튜브를 보면 어린 친구들이 후줄근한 옷을 입고 농사짓고 소를 키우는 모습들이 많이 나오잖아요. 그게 나쁜 건 아니지만 "왜 시골에서는 그렇게만 살아야 할까?"라는 의문이 있었어요. 시골에서도 자기 개성을 살릴 수 있는데 말이죠. 그래서 전 남들의 시선을 신경 쓰지 않고 입고 싶은 대로 입어요. 서울에서와 똑같이 저의 멋을 표현하고 있는 거죠.

　　시골이기 때문에 안 될 것 같은 일을 시도하기도 해요. 시골과 모던한 찻집. 어울리지 않는 것 같지만 시도한 거예요. 제가 강화에서 하는 것들은 서울에서도 할 수 있어요. 하지만 서울에서는 주목 받으려면 더 과감한 시도를 해야겠죠. 여기선 약간의 시도만으로 특별함을 얻을 수 있다는 장점이 있는 것 같아요. 그래서 힙해 보이는 게 아닐까요?

지연 어쩌다 보니 힙한 이미지가 되었어요. 제가 좋아하던 것들이 트렌드가 되었달까요? 꽤 오래전부터 요가와 제로 웨이스트에 관심이 많았어요. 히피스러운 옷도 좋아했고요. 예전에는 친구들이 제게 옷을 왜 그렇게 입냐고 멀쩡한 걸 입으라고 말할 정도였죠. 사실 서울에 나가면 저와 비슷하게 입는 분들을 어렵지 않게 찾아볼 수 있을 거예요. 하지만 강화는 서울보다 인구가 적다보니 그런 분들이 없는 거예요. 서울에 있다면 너무나 평범한 사람일 텐데 말이죠.

하나 자신을 알아야 한다고 생각해요. 우리는 너무 많은 선택지 속에서 살아가잖아요. 그럴 때 자기가 좋아하는 게 뭔지를 알게 되면 정말 뚜렷하게 자기 길을 갈 수 있어요. 시골은 더 그렇다는 생각이 들어요. 서울보다 부족한 게 많기 때문에 자기가 무엇을 좋아하는지 명확히 알아야 하는 거죠.

개인적으로 힙스터라는 단어를 좋아해요. 힙스터는 자신의 취향이 뚜렷하고 자신이 좋아하는 걸 잘 아는 특징이 있대요. 그 마음을 따라서 자신이 원하는 걸 하면서 산다는 거죠. 그게 정말 마음에 들었어요. 강화에서 내 마음이 가는 대로 사는 힙스터가 되어야겠다고 다짐했고요!

off the record — 강화, DMZ 접경지역

한희 북한 무인기가 떴던 날* 친구들과 생일파티를 하고 있었어요. 그때 재난 문자가 왔죠. 저도 모르게 집에 북한 군인이 들어오면 어떻게 해야 할지 상상했어요.(웃음) 지진이 났던 날엔 자연스럽게 전쟁이 났다고 생각했고요. 강화에서는 종종 쓸데없는 상상을 하게 돼요.

지연 돈대**에 오르면 북한이 보여요. 그렇게 북쪽을 구경하고 있으면 군부대에서 멀리 나가지 말라거나 특정 구역은 가면 안 된다는 방송을 하더라고요. 또, 확실히 군부대 차도 많이 다니고 군인도 많은 것 같아요. 볼음도에 여행을 간 적이 있는데 군인들이 바닷가에서 쓰레기 줍는 봉사활동을 하고 순찰도 하더라고요. 평소에는 DMZ 접경지역이라는 걸 느끼지 못하는데 순간순간 와닿을 때가 있어요.

하나 할아버지 댁이 송해면에 있었어요. 송해면은 강화에서도 위쪽 지역이죠. 할아버지 댁에서 잘 때는 종종 대남방송이 들렸어요. 또, 날이 좋을 때 풍경을 바라보며 엄마에게 "저건 뭐야?"라고 물어보면 북한이라는 답을 듣기도 하죠. 민방위 훈련 방식도 다른 지역과는 좀 다르더라고요. 서울에서는 차들이 가만히 서 있는 게 전부라면, 강화에서는 실제로 탱크나 군용 차량이 지나다니죠. 전쟁인가 싶을 정도로 실감나는 훈련 방식이에요.

얼마 전, 강화에 지진이 났어요. 자다가 잠깐 잠이 깨서 책장을 보고 있었죠. 근데 갑자기 침대가 막 흔들리는 거예요. 지진이라는 생각은 못 하고 순간적으로 전쟁이라는 생각이 가장 먼저 들더라고요. 지진보단 전쟁을 더 가깝다고 생각하는 것 같달까요?

* 2022년 말, 북한의 무인기가 군사분계선 이남의 대한민국 영공을 침범했다.
** 주변 관측이 용이하도록 평지보다 높은 평평한 땅에 설치한 소규모 군사 기지

슬쩍 봐도 코드가 맞겠다 싶은 세 사람은 친구이다. 커뮤니티 프로그램에서 만나 인연을 맺었고, 따로 또 같이 만나며 우정을 이어왔다. 2023년 봄, 이들은 재밌는 프로젝트를 시작했다. 강화소셜클럽! 강화 사람들을 만나 인터뷰하고, 시골에서의 소중한 시간을 공유하는 중이다. 강소크의 활동이 궁금하거나 함께하고 싶다면 블로그로 놀러 가보길!

Instagram

- 차완 @chachacha_chawan
- 낙토 @_nakto_
- 시골힙스터 @countryside.hipster

강화소셜클럽

- https://blog.naver.com/ganghwa_social_club
- https://www.youtube.com/@ganghwa_social_club
- @ganghwa_social_club

말쑥대군의 달콤한 비밀

ㄷ
대군 : (조선시대) 왕자 중 정궁의 몸에서 태어난 적실왕자

ㅅ
생과방 : 국왕과 왕비의 후식과 별식을 준비하던 곳
세자 : 임금의 자리를 이을 아들. 왕세자의 준말
세자시강원 : (조선시대) 왕세자의 교육을 담당하기 위하여 설치되었던 관서

ㅇ
의관 : 남자가 정식으로 갖추어 입는 옷차림을 이르는 말

ㅈ
증좌 : 참고가 될 만한 증거

ㅊ
책봉 : 임금이 왕세자, 왕세손, 비(妃), 빈(嬪) 등의 작위를 내려주는 일

editor 안수진
photographer 안수진 · 최은진

인물관계도

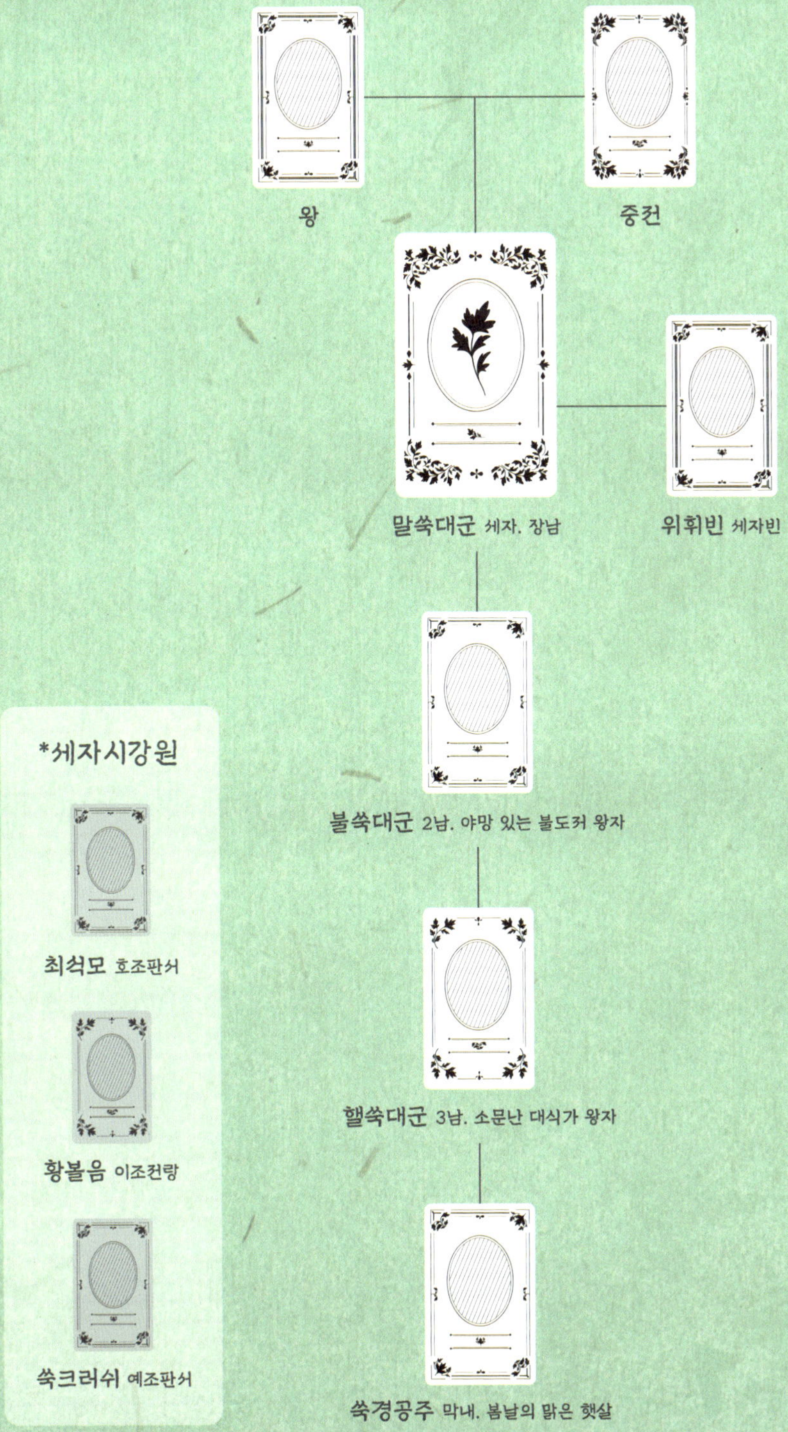

왕 ─── 중전

말쑥대군 세자. 장남 ─── 위휘빈 세자빈

불쑥대군 2남. 야망 있는 불도저 왕자

핼쑥대군 3남. 소문난 대식가 왕자

쑥경공주 막내. 봄날의 맑은 햇살

*세자시강원

최쑥모 호조판서

황볼음 이조전랑

쑥크러쉬 예조판서

메마른 땅에서도 잘 자라며 타고난 생명력으로 자리 잡았다 하면 삽시간에 그곳을 장악한다. 국내 30여 종의 쑥, 그중 으뜸가는 약쑥이 이곳 강화에서 자란다. 크게 사자발쑥과 싸주아리쑥으로 나뉘는데 특히, 사자발쑥은 강화의 대표 약쑥으로 꼽힌다. 깨끗한 토양과 소금기 섞인 해풍, 바다 안개를 머금고 자라 효능이 가장 뛰어나다고 알려져 있다. 5월 단오 경, 높이 약 1m가량의 완전히 자란 쑥을 수확한 후 그늘에 3년 이상 숙성시켜 활용하는 것이 일반적이다. 재배 시에는 잡쑥(일반쑥)을 철저히 제거하는 등 생육 환경 조성에 힘쓴다. 숙성 과정 또한 절대 비를 맞히지 않고 가급적 이슬도 맺히지 않게 하는 등 고유의 효험을 살리기 위해 매우 품이 들어간다.

*   할머니와 밀레니얼 세대를 합친 단어로 흑임자, 쑥, 팥 등 할매 입맛을 선호하는 젊은 세대를 지칭

**   찹쌀가루를 반죽해 기름에 지진 떡

***   오전 10시에서 오후 5시 사이, 낮에 올리는 다과상

****   왕자들은 SNS 계정을 여는 것이 금지되었다. 혹여나 부적절한 발언으로 왕실의 명예를 실추시킬까 우려해서다. 하지만 대부분 염탐용 비공개 계정을 갖고 있다고…

"밤새 강녕하셨사옵니까. 문안 인사드리옵니다, 아바마마."

"그래, 잠은 푹 잤느냐. 밤이 늦도록 생과방 불이 환히 켜져 있더구나. 쉬엄쉬엄하거라."

세자가 책봉되고 가장 먼저 맡은 일은 이 나라의 새로운 먹거리를 발굴하는 것이다. 사자발쑥은 예부터 의초(醫草)라 불렸다. 몸을 따듯하게 하고 부인병, 당뇨·비만 등의 성인병을 예방하는 중요한 약재로 사용되었다. 그러나 오늘날 서양 의학 중심의 발달에 따라 그 수요가 예전만 못하다. 쑥차나 환, 화장품 등으로 활용 범위가 확대되고 있으나 여전히 제한된 측면이 있다. 이에 세자는 MZ세대를 공략한 쑥 디저트 상품의 출시를 제안했다. 할매니얼*로 불리는 이들에 의해 약과, 개성주악** 등 전통 간식이 날로 인기를 얻고 있었다. 이를 겨냥해 출시한 제품마다 예외 없는 흥행을 이어갔으니 시장의 가능성은 충분히 증명된 셈이다. 그는 직접 대신을 꾸려 상품 개발에 나섰다.

"아닙니다, 아바마마. 주다(晝茶)***에 올릴 것이니 드셔 보시옵소서."

말끔하고 세련된 용모와 매사 진중한 모습, 오죽하면 그 이름 또한 '말쑥'인 세자다. 어진 인품과 총명함으로 나라의 정사에도 지극한 관심을 보이니 어려서부터 왕의 총애를 한 몸에 받았다. 사자발쑥이 사자 발 모양을 닮아 그리 이름 붙였다는데, 이제 어엿한 세자로 의관을 정제한 말쑥대군은 사자와도 같은 위엄을 보였다.

그러나 딱 하나. 완벽해 보이는 세자에게도 치명적인 단점은 있었다. 그는 다른 의미로 '쑥'스러웠는데 다름 아닌 지나치게 숫기가 없는 것이다. 궁에서는 그의 MBTI가 IIII인 것 아니냐는 우스갯소리가 돌았는데 이는 귀여운 수준이다. 가장 괴이한 소문은 그가 인별그램****에서 강화의 인기 카페를 소개하는 인플루언서로 활동하는데, 이를 숨기기 위해 지극히 말수를 아끼며 수줍은 척한다는 것이다. 한가한 날이면 이른 아침 홀로 궁을 나가 해가 다 져서야 돌아오는 것이 영 이상하기는 하였다. 허나, 이외의 증좌가 없고 더구나 그 대상이 말쑥대군이었으니 다들 개의치 않아 했다.

여하튼, 다방면에서 출중하지만 이토록 쑥스러움을 타는 세자가 왕은 심히 걱정되었다. 이에 그를 훈련시키고, 민심도 파악할 겸 궁 밖 외출을 명하였다.

"세자, 이제 너의 백성을 마주할 때가 되지 않았느냐. 마침 목요일에 오일장이 열린다더구나. 대신들과 함께 다녀오도록 하거라."

"세자, 준비가 되셨으면 이동하시지요."

'장날'을 유지하는 전통시장이 흔치 않은 요즘, 강화풍물시장은 인천 내 유일하게 오일장이 열린다. 매월 2일과 7일(2, 7, 12, 17, 22, 27) 상설시장 앞 공터와 도로변에는 직접 재배한 농산물과 강화 특산물을 판매하는 좌판으로 발 디딜 틈이 없다. 하물며 5월, 쑥이 제철을 맞았으니 여느 때보다 활기가 넘친다. 두릅, 가죽나물 등 온갖 봄나물과 섬쌀, 더덕, 직접 담근 순무김치까지 강화의 맛이 한데 모였다.

상설시장 안으로 들어서자 또 다른 광경이 펼쳐진다. 1층은 각종 농·수산물을 판매하고, 2층은 식당가와 화문석 가게가 들어섰다. 250개가 넘는 점포들이 구역별로 나뉘어 쾌적하게 둘러볼 수 있다.

"봄이 여기 다 모여 있었군요. 혹, 찐빵을 하나씩 하면 어떻습니까?"

시장을 한 바퀴 둘러보는 내내 말 한마디 없던 세자가 드디어 입을 뗐다. 무려 20년의 찐빵 외길, 여느 하얀 찐빵과 다르게 빵피부터가 초록색을 띠는 쑥 찐빵 집이다.

"세자 저하, 이것이 금방 나온 듯하옵니다."

이제 막 찜기에서 나와 김이 모락모락 피어나는 것을 뒤로 하고, 적당한 온기의 쑥 찐빵 3개와 보리 찐빵 3개를 구매한다.

"이렇게 한 김 나간 게 더욱 쫀득한 맛이 있지요."

반으로 가르자 품고 있던 김이 마저 나오고 동시에 고운 단팥이 모습을 드러낸다.

"단팥빵이든 크림빵이든 묵직이 앙금을 넣어주는 것이 미덕이라 생각해 그리 인기를 끄는 집이 많습니다. 허나, 이렇게 적당해야 어울리는 법이지요. 단팥의 양이 많으면 우리 쑥의 향과 맛도 묻히지 않겠습니까. 참, 쑥과 딸기가 한날한시 제철이 아닌 것이 못내 아쉽습니다."

"세자 저하, 딸기는 어떠한 연유로 찾으시는 겁니까?"

"귀를 가까이 대 보시오. 내 그대에게만 특별히 알려주는 겁니다. 이 찐빵 안에 팥과 딸기를 함께 넣어 먹으면 그 맛이 꼭 딸기 찹쌀떡과 같을 겁니다."

"이왕 나온 거 좀 더 둘러봐도 되겠습니까?"

걸어서 15분이면 닿는 강화군청 후문의 카페로 향한다. 익숙한 듯 세자가 쑥 비엔나와 쑥 찰떡 쿠키를 주문한다. 가뭄에 콩 나듯 있는 외출인데도 어김없이 쑥을 찾는다. 이토록 나라의 먹거리에 진심인 자가 왕위를 잇게 되다니 감개무량하다.

주문한 메뉴가 나오자 본인 몫을 챙겨 잠시 자리를 옮긴다. 요리조리 음료와 쿠키를 배치하며 위에서 한 컷, 옆에서 한 컷. 비엔나 크림이 꺼지도록 연신 사진을 찍어 댄다. 저리 열심히 찍어 무어에 쓴단 말인고.

"그대들 혹, 쑥 비엔나의 크림과 음료를 섞어 드셨습니까? 내 알려줄 것을 한발 늦었습니다. 섞지 않은 채 잔에 입을 대고 마셔보세요. 처음엔 이 크림을 그리고 곧, 이를 뚫고 흘러 들어오는 쑥 음료의 맛을 음미해야 제대로 마셨다 할 수 있습니다. 부드러운 크림에 쑥의 쌉쌀함이 은은하게 감돌아 의외의 합을 자랑하지 않습니까? 쿠키는 콩가루와 찰떡을 더해 더욱 다채로운 맛이 나고. 약쑥차를 곁들이면 어떨 것 같습니까? 특유의 화한 향과 맛이 단맛을 적절히 중화시킬 테니 아메리카노를 대신할 수도 있겠습니다."

디저트만 먹었다 하면 이리 호들갑을 떠는데 평소엔 어찌 그리 함구하는 것인지 평생의 의문이다. 사실 세자는 궁 내 소문난 디저트 애호가다. 다른 왕자들은 여가 시간이면 축구나 농구, 온라인 게임을 하며 그야말로 궁을 쑥대밭으로 만들기 일쑤다. 그에 반해 세자는 생과방에 들어가 블로그나 유튜브에서 찾아낸 레시피로 베이킹을 즐겼다.

이번엔 시장에서 차로 20분 거리, 노란 지붕과 비스킷 모양의 귀여운 캐릭터가 반기는 곳에 도착했다. 이곳은 사자발쑥과 더불어 강화 특산물 중 하나인 인삼을 넣어 타르트를 만든다. 쑥 타르트를 맛본 세자의 눈이 똥그래진다.

"그대들은 타르트를 맛있게 먹는 101가지 방법을 알고 계십니까?"

"그런 게 따로 있사옵니까?"

"그건 말이지… 101개 먹는 겁니다! 하하하"

"하하 하하하하하 하"

"에그 타르트는 본디 포르투갈 디저트가 마카오, 홍콩으로 뻗어 나간 겁니다. 포르투갈과 마카오는 이처럼 여러 겹의 페이스트리 파이지에 그을린 커스터드 크림이 특징이지요. 홍콩식은 두툼한 버터쿠키 파이지에 연노랑 색의 크림을 고수하고요. 한 입 베어 물면 이 초록색 쑥 필링이 까꿍 하고 나오는 게 감초 같지 않습니까? 색을 어찌 이리 선명하게 내었는지 그 비법을 묻고 싶은 정도입니다."

한입에 쏙 넣어버린 대신들은 차마 발견하지 못한 초록색 필링이었다.

"쓴맛이 강한 사자발쑥을 넣고도 이리 달콤한 맛을 내려면 얼마나 고민했을까요, 정성이 느껴지는 맛입니다. 맛있게 즐겼으니 더욱 힘내서 이 나라만의 특별한 달콤함을 만들어 봅시다."

"다 들었으면 이제 그만 자리에서 일어날까요?"

궁으로 돌아가는 길, 지나친 당 섭취로 쏟아지는 졸음을 간신히 참아내었던 대신들이 곤히 잠들었다. 오직 세자만이 똘망똘망 깨어 휴대폰을 응시한다. 언뜻 보이는 화면 속 아까 찍은 사진 아래 세자가 무언가 열심히 적고 있다.

#강화카페 #강화사자발쑥 #쑥디저트
#강화디저트맛집 …

쑥 라떼

말쑥대군의 생과방 일지

레시피

① 쑥베이스를 만든다
*쑥가루 10g+설탕 10g+온수 30g

② 얼음컵을 준비한다

③ 만들어둔 쑥베이스를 넣는다

④ 저지방 우유를 넣는다
*저지방 우유는 쑥의 텁텁한 맛을 없애준다

⑤ 에스프레소 2샷을 넣는다
*기호에 따라 조절 가능하다

⑥ 쑥베이스와 우유, 커피가 섞이도록 잘 저어서 마신다

재료

쑥가루 30g   저지방 우유 200g   에스프레소 2샷   설탕 10g   얼음

Food | 말쑥대군의 달콤한 비밀

쑥 두부 티라미수

재료

쑥가루 30g · 카스테라 · 두부 한 모 · 에스프레소 1샷 · 플레인요거트 90ml · 레몬즙 1/2 숟가락 · 꿀 1 숟가락

레시피

1. 두부를 끓는 물에 1분 데친다

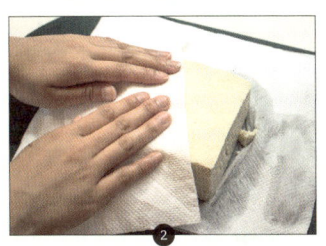
2. 찬물에 식혀 물기를 가볍게 제거한다

3. 믹서에 두부, 플레인요거트, 레몬즙, 꿀을 넣고 간다

4. 두부크림에 쑥가루를 넣고 섞는다 (쑥두부크림)

5. 카스테라를 용기 바닥에 깐다

6. 에스프레소를 부어 카스테라를 촉촉하게 적신다

7. 쑥두부크림을 올린다

8. 2시간 이상 냉장보관한다

9. 윗면에 쑥가루를 뿌리고 잘게 찢은 쑥으로 장식해 준다

*쑥가루가 습기를 머금으며 표면이 젖으니 먹기 직전에 뿌린다

쑥 스모어 쿠키

재료

쑥가루 30g | 박력분 130g | 무염 버터 90g | 설탕 30g | 황설탕 50g

계란 한 알 | 바닐라 오일 | 마시멜로우 | 베이킹파우더 2g | 견과류 30g

레시피

① 실온에 둔 버터를 크림화시킨다

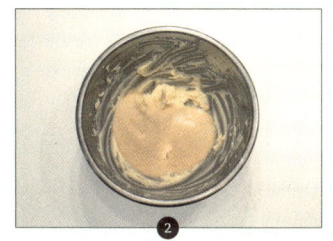
② 버터에 설탕, 황설탕을 넣고 저어준다

③ 달걀은 두 번에 나눠서 넣고 저어준다

④ 바닐라 오일을 넣는다
*생략 가능하다

⑤ 박력분, 베이킹파우더, 쑥가루를 차례로 체에 쳐서 넣는다

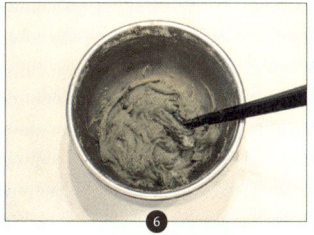
⑥ 주걱으로 # 모양을 그리며 자르듯 섞어준다

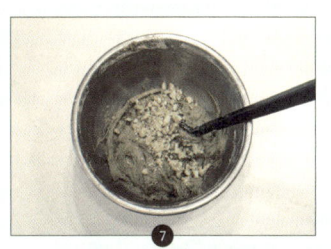
⑦ 견과류를 넣고 냉동실에서 1시간 이상 휴지*한다
*반죽을 발효시키는 과정

⑧ 70g씩 분할해서 둥글게 모양을 잡고 마시멜로우가 살짝 보이도록 감싼다
*마시멜로우는 냉동실에 미리 보관해 둔 것을 사용한다

⑨ 오븐을 180도에 10분 예열한 후, 170도에서 14분 굽는다

진짜섬, 볼음도

editor 윤승용
photographer 윤승용

쉽게 잊어버리곤 하지만, 강화는 섬으로 이루어진 곳이다. 15개 중 11개의 섬은 배를 타야만 갈 수 있다. 석모도 북서부, 하리선착장에서 배를 타면 서검도와 미법도를 갈 수 있고, 강화도 남서부 선수선착장에서는 주문도, 아차도, 볼음도 가는 배를 탈 수 있다. 볼음도에서 서쪽으로 더 들어가면 적은 수의 주민들이 거주하는 말도라는 섬이 있는데, 정전협정에 명시된 한강하구중립수역의 시작점이기도 하다. 이곳은 여객선이 운행하지 않으니 관광객은 갈 수 없다.

강화를 여행하면서 배를 타는 경우가 흔하지는 않다. 섬을 연결하는 다리가 잘 놓여져 있어 자동차를 타고 편안하게 구석구석 여행할 수 있기 때문이다. 교동도, 석모도, 동검도… 하지만 나처럼 강화를 10번 정도 여행하다 보면 차 안에서 느끼는 편안한 흔들거림이 아쉬울 때가 있다. 제주도를 서너 번 가다보면 우도를 찾는 느낌이랄까. 배를 타고 볼음도로 향했다.

#잠깐 검색해 봐

볼음도는 해안선 길이가 12km가 좀 넘고 인구가 300명이 안되는 작은 섬이다. 강화의 섬답게 간척이 이루어져 낮은 산들 사이로 논밭이 넓게 펼쳐진다.

행정구역으로는 강화군 서도면에 포함되는데, 조선시대에는 경기도 교동군에 속했다가 일제강점기 교동군이 폐지되면서 강화군에 편입되었다. 오늘날 인천광역시로 합쳐진 것은 1995년이다. 요즘 배를 타려면 필수적으로 신분증이 필요하지만, 북한과 가까운 볼음도는 민간인통제구역에 속하기 때문에 신분 확인이 보다 깐깐하게 이루어진다.

볼음이라는 이름은 보름달에서 따왔다는 이야기도 있고, 한양에서 오려면 보름이 걸린다 하여 붙여졌다는 이야기도 있다. 요즘 시골 학교들이 그렇듯이 볼음도의 중학교와 초등학교도 학생 수가 줄어들어 얼마 전 폐교를 맞이했다.

#배를 타려면 알아야 하는 것들

대중교통을 이용해서 강화 여행을 해본 사람은 알겠지만 강화라는 섬은 그리 작지 않다. 서울의 절반만 한 크기의 섬을 여행하기 위해서는 버스를 이용해야 하는데, 인구는 적고 땅은 넓다 보니 배차 간격이 넓다. 강화터미널에서 출한한 버스는 선수선착장까지 1시간이 걸린다. 그래도 선착장까지 운행하는 버스가 2대이니 여유를 갖고 여행을 시작하면 문제될 건 없다.

자동차를 타고 온다면 주차에 신경을 써야 한다. 선착장이라고 광활한 콘크리트 공간을 예상했다면 오산이다. 조그마한 선수선착장은 고객을 위한 주차시설을 갖추고 있지 않다. 인터넷을 검색해보니 근처 논두렁이나 갓길에 주차했다는 글을 볼 수 있는데, 자리가 있을지 없을지 모르는 일이다. 그렇다고 배에 차를 싣고 가려니 비용이 만만치 않다. 돈을 지불하더라도 배에 실을 수 있는 차량의 수가 한정되다 보니, 이것도 불안하긴 마찬가지다. 4km 떨어져 있는 마니산국민관광지 주차장을 이용하는 것을 추천한다.

Tour | 진짜섬, 볼음도 115

#선착장으로 가는 길

마니산 아래 주차장에는 편의점이 있다. 볼음도 안에도 작은 매점이 있긴 하지만, 편의점은 없으니 필요한 것이 있다면 미리 구매하자. 편의점에서 물과 넉넉한 봉투를 구매해 가방에 넣었다. 얼마 전, 섬에 쓰레기와 물 부족 문제가 있다는 것을 TV에서 봤기 때문인지, 쓰레기는 도로 가져오겠다고 생각했다. 또한, 섬 여행을 할 땐 현금을 몇 만 원 챙긴다. 카드 거래가 안되는 곳도 있고 어쩔 땐 카드기기가 먹통일 때도 종종 있기 때문이다.

아침 8시쯤 카카오 택시를 불렀더니 5분 만에 기사님이 오셨다. 택시가 잘 잡힐지가 최대 불안요소였는데, 너무나 빨리 잡혀서 편안하게 선착장으로 향했다. 선수선착장에 도착하니 8시 20분. 부지런히 매표소에서 표를 사고, 관리인 아저씨께 여기서 타면 되냐고 괜히 한번 더 물어보고는 배를 기다렸다.

#하루 3번 밖에? 하루 3번이나!

볼음도 가는 배는 8시 50분, 12시 50분, 16시 20분 하루 3번 선수선착장을 출발한다. 하루 3번의 운행에 대해 불만을 가질 수 있지만, 하루 1번만 배를 탈 수 있는 섬들도 많으니 볼음도 정도면 훌륭하다.

볼음도행 배는 선수선착장을 떠나 볼음도-아차도-주문도 순으로 손님을 내려주고, 나올 때는 주문도-아차도-볼음도에서 손님들을 태워 선수선착장으로 향한다. 나오는 배는 7시, 11시, 14시 30분으로 생각보다 일찍 배가 끊긴다. 자연스럽게 볼음도 여행패턴은 뱃시간에 맞춰진다.

내가 선택한 당일치기 코스는 가장 이른 배를 타서 가장 늦게 나오는 배를 타는 것인데, 선착장에서 대기하는 시간을 제외하면 4시간 남짓의 시간이 주어진다.

#13번째 강화나들길

배를 타는 시간은 약 1시간 남짓. 객실 밖으로 나가 바닷바람을 쐬어 본다. 볼음도로 가는 사람들이 꽤 많았는데, 반절은 주민들이나 업무차 가는 사람들 같았고, 나머지 관광객들도 보도여행객 보다 숙박여행객이 많아 보였다. 왠지 나만 강화나들길 13코스를 걷기 위해서 방문한 것처럼 보였다.

강화에는 20개의 강화나들길 코스가 있다. 그 중에 딱 2개 코스만 배를 이용하는데 주문도와 볼음도 코스다. 오늘 가는 강화나들길 13코스인 '볼음도 길'은 13.6km 길이로 3시간 30분이 소요된다. 코스가 볼음도 체류시간에 맞춰 개발된 것인지 깔끔하게 맞아 떨어진다. 해변과 산, 마을을 둘러 볼 수 있는 코스로 난이도는 '하'에 속한다. 배 위에서 바닷바람을 맞은지 20~30분이 지났을까, 객실에 누워 즐거운 여행을 위한 마지막 휴식을 취했다.

Tour | 진짜섬, 볼음도

조개골 해수욕장

영뜰해변

#한적한 섬

섬에 내려서 관광지도를 꼼꼼히 살펴본다. 인터넷에서는 분명 3시간 30분이면 충분히 강화나들길을 둘러볼 수 있다고 했지만, 나에게 주어진 시간이 4시간이라고 하니 마음이 분주했다. 남서쪽 소나무 숲을 지나자 조개골 해수욕장에 금방 도착했다. 해변에는 바닷물보다 멋진 갯벌이 펼쳐졌다. 바닷물이 빠져 나가면서 그려낸 볼음도 갯벌은 파도만큼 역동적이다. 얼마나 넓은지 갯벌의 끝이 보이지 않았다. 분명 바다를 건너 섬에 왔지만 바닷물을 볼 수 없다니, 신기하기만 하다.

해변을 따라 북쪽의 작은 숲을 통과하면 다음 도착지인 영뜰해변이 나오지만, 여름이라 수풀이 우거져서 갈 수가 없었다. 대신 신발을 벗고 갯벌 위를 걸어서 통과했다. 조개골 해수욕장보다 훨씬 넓어보이는 영뜰해변에서는 갯벌 체험인지 어부들인지 저 멀리 경운기와 일하는 사람들이 보였다. 바닷물이 아닌 갯벌, 배가 아닌 경운기, 익숙하지 않은 바다의 감성이다.

#은행나무와 볼음저수지

영뜰해변에서 볼음도 은행나무로 가는 길은 섬이 아니라 농촌을 걷는 기분이다. 바다는 소나무 숲으로 가려져 있고 옹기종이 낮은 언덕들에 둘러싸인 농촌마을 감성이 가득하다. 볼음도는 한국전쟁 이후에 남북한 접경지역이 되면서 어업활동이 어려워졌다. 자연스럽게 농업에 눈을 돌리게 되었고 간척한 토지에 논밭을 일구어 오늘날 볼음도가 되었다. 과거에는 새우잡이로 유명했지만 지금은 선착장의 비릿한 냄새도 어촌에 가면 골목마다 보이던 생선 말리는 모습도 보이지 않는다.

걷다 보니 볼음도의 북부지역에 다다랐다. 랜드마크인 800년된 은행나무와 농업을 위해 만든 볼음도 저수지가 있었다. 내가 본 볼음도에서 가장 아름다운 곳이었다. 커다란 은행나무는 천연기념물로 지정되어 있는데, 과거 홍수로 인해 북한 황해도 연안군에서 떠내려 온 것을 심었다는 이야기가 전해진다. 은행나무는 강화 나들길 볼음도 코스의 중간에 위치해 벤치에 앉아 잠시 쉬거나 도시락을 먹기 좋다. 벤치에 앉으면 저수지 한켠에 마련된 수변공원이 보이는데, 연꽃사이로 보이는 탐조대 건물을 바라보며 잠시 휴식을 취했다.

#섬마을 차차차

마을로 향했다. 은행나무가 있는 북쪽은 볼음2리, 선착장이 있는 남쪽은 볼음1리로 구분되는데, 아무래도 선착장에서 가까운 볼음1리가 발달했다. 농협 하나로마트도 있고, 10개 남짓의 민박집, 볼음도에서 유일한 식당도 있다.

볼음도 관광 필수 코스인 하나로마트에 들러서 아이스크림을 샀다. 많이 걸은 탓에 아이스크림을 다 먹을 때까지 에어컨 밑에 서있었다. 손님이 나뿐이라 민망했지만 직원 분은 별로 신경 쓰지 않으셨다. 아, 하나로마트는 주말에는 쉬니까 참고하자.

식당에 갔을 때는 몇몇 손님들이 계셨다. 밴댕이회, 병어조림, 상합탕 등등 군침도는 메뉴가 많았지만 혼자라서 백반을 시켰는데, 사실 배고픈 여행길엔 백반도 감사하다. 맛있게 점심을 먹고 20분을 걸어 선착장에 도착하니 2시였다. 배는 주문도에서 2시반에 출발해 볼음도에는 2시 45분쯤 온다고 한다. 표를 사고 대합실을 나와 선착장을 걸었다.

126　Tour | The Real Island, Boleumdo

선착장 건너에 보이는 아차도와 주문도가 손에 닿을 듯 가까웠다. 가는 길이 갯벌이었다면 경운기를 타고 섬을 오갔을 것 같은데, 선착장 앞은 영뜰해변과 다르게 바닷물로 가득 차 있었다.

볼음도에서 4시간은 생각보다 여유롭고 만족스러웠다. 특별한 이벤트를 원하는 사람들은 실망할 수 있지만, 바쁜 일상 속에서 한적한 당일치기 여행을 즐기고 싶은 사람들에겐 안성맞춤이다. 배 시간에 맞춰 딱 정해진 여행 일정도 마음에 든다. 열심히 검색할 필요도, 고민할 필요도 없다.

다시 1시간쯤 배를 타니 선수선착장에 도착했다. 아침에는 선착장이 한적해 보였는데, 이제는 사람이 북적북적 했다. 걱정했던 카카오 택시는 여기에서도 빠르게 잘 잡혔다. 택시를 타고 마니산 주차장에 도착해 편의점 커피를 마시며 볼음도 여행을 마무리했다.

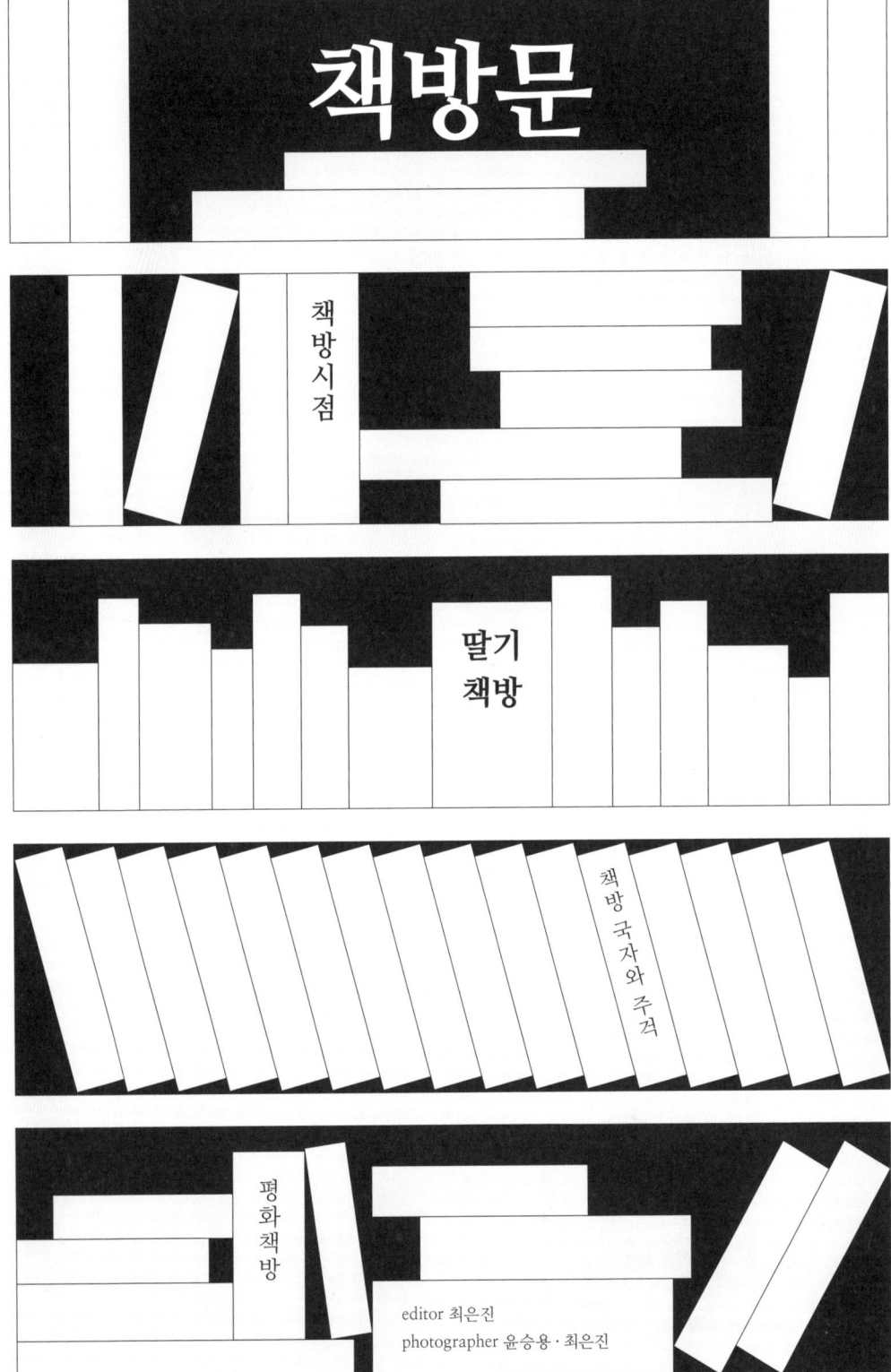

강화 펼치기

서울에서 차가 막히지 않으면 한 시간 반 만에 갈 수 있는 섬. 그러나 여전히 고즈넉한 들판과 투박한 골목길이 반겨주는 곳. 강화는 근교 여행지치고 꽤나 천천히 흐르는 마을이다.

이 느린 마을에는 이상하리만치 개성 넘치는 동네 책방이 많다. 독립 서점을 찾아다니는 '책방 투어'가 생겨나는 요즘, 오로지 책방을 목표로 한 여행객들이 있을 정도로 강화는 더할 나위 없이 책방 여행에 적절한 여행지다.

사람들이 대형 서점과 편리한 온라인 서점을 뒤로하고 이곳에 매료된 이유는 뭘까? 손쉽게 클릭 몇 번으로 책을 내 방 안에 들여올 수 있는 시대에 동네에 정착한 로컬 책방과 책방지기의 역할이 궁금해졌다. 큰 욕심 없이 책과 사람을 즐기고 정을 나누는 책방지기들.

골목골목의 작은 책방. 그 안에서 책과 함께 살아가는 그들의 인생을 읽어보기 위해, 강화도 '책방문'를 시작한다.

뚜벅이도 무리 없는 책방 투어의 시작,
책방시점

위치	인천광역시 강화군 길상면 온수리 413-25
공간	책방	숙소	타로가게	집	고양이집	작업실
활동	책 판매	북스테이	타로 점사
큐레이션	질문할 용기	발견할 기쁨	관점의 전환	강화도	책방지기의 취향	약간의 그림책

강화 책방문은 초심자에게 가장 쉬운 난이도부터 시작된다. 책방시점은 2019년에 문을 열어 벌써 4주년을 맞이한 책방 겸 북스테이 공간이다. 대중교통으로 찾아가기 수월하고 다양한 종류의 책들이 진열되어 있어 뚜벅이 여행자에게 적합하다.

멀리서도 눈에 띄는 하얀 건물은 한쪽 벽에 큰 창이 있어 햇살이 좋은 날 방문하기 제격이다. 안쪽으로 들어서면 천장에 길게 늘어진 조명 아래로 다양한 책과 고양이 한 마리를 볼 수 있다. 따사로운 햇살을 즐기는 책방시점의 마스코트 '쨍쨍이'는 방명록에 가장 많이 등장하는 단골 손님이다.

시골 동네에서 만난 큐레이션 책방

책방시점은 '질문'할 용기, '발견'할 기쁨, '관점'의 전환을 이야기하는 곳이라고 한다. 그래서 매년 질문, 발견, 관점이라는 세 가지 주제에 맞는 다양한 큐레이션 문장을 선보인다. 책방시점은 구매할 책을 미리 정해서 가기 보다는, 매년 달라지는 책방지기의 '시점'을 살펴보고 마음에 드는 책을 즉흥적으로 골라오는 재미가 있다. 큐레이션 중 가장 마음에 드는 문장을 골라보았다.

질문
/쉬운 답이 있다면 그것은 문제가 아니겠지요
/타인을 이해한다는 건 가능할까요

발견
/지금 여기, 공간과 장소의 재발견
/일단, 내 마음부터 제대로 살핍시다

관점
/우리가 죽음 앞에서 자유로울 수 있다면
/소비자에서 책임 있는 주체로

출처 : 책방시점 네이버 블로그에서 발췌

여기에 더해서 동네 책방답게 강화의 이야기를 담은 서가와 책방지기들이 좋아하는 출판사, 작가의 섹션을 별도로 구성해서 총 1,700여 종의 책을 보유 중이다. 테이블 위와 문틈 사이 좁은 벽까지 책들이 빼곡히 진열되어 있다. 반듯하게 정돈된 책 냄새를 맡다 보면 이곳은 동네 책방보다는 도심 속 깔끔한 서점 같기도 하다.(내가 생각하는 동네 책방이 대체 뭐길래?)

하지만 책방시점은 동네 책방의 역할을 톡톡히 수행한다. 오로지 이곳의 북스테이에 머물기 위해 강화까지 찾아오는 손님이 있을 정도다. 따뜻한 조명이 있는 다락방에서 책방에 구비된 모든 책을 자유롭게 읽는 경험은 꽤나 낭만적이다. 북스테이를 하면 무료로 자전거를 대여할 수도 있고, 구매한 책은 강화 특산물인 소창으로 만든 파우치에 담아준다. 조식으로 강화의 빵집에서 만든 빵도 맛볼 수 있다. 지역과 밀착한 북스테이로 강화를 경험할 수 있다니, 과연 이곳의 깔끔한 시설과 친절한 응대만이 책방시점의 북스테이가 유명해진 이유는 아닐 것이다.

독후강 : 독서 후 강화

　세 명의 책방지기는 〈셋이서 집 짓고 삽니다만〉을 출간했다. 강화도에 땅을 사고 책방을 지어 함께 살게 된 과정을 담은 책이다. 마음이 맞는 이들과 같이 살자는 말. 좀처럼 실현되지 않는 이 일을 책방지기들은 추진력 있게 실행한다. 새로운 가족의 형태와 그들에게 필요한 주거 공간에 대해 생각해 볼 수 있다.

　〈오늘을 사는 어른들〉도 한 권 구입했다. 시골에 덜컥 집을 사고 고치며 살아가는 이야기를 담은 에세이북이다. 누구나 몸 뉘일 곳이 필요하지만 쉽지 않은 세상에서, 용기있게 떠나고 도전한다는 점에서 이곳의 책방지기들과 참 어울리는 책이다. 우연히 구매한 책으로 '발견의 기쁨'을 만끽해본다.

고소한 핸드드립과 포근한 그림이 함께한,
딸기책방

위치	인천 강화군 강화읍 동문안길 33
공간	책방 ǀ 북카페 ǀ 출판사 ǀ 공연장 ǀ 도서관 ǀ 어린이 도서관 ǀ 심야책방
활동	책 판매 ǀ 워크숍 ǀ 북토크 ǀ 콘서트 ǀ 출판 ǀ 낭독 모임 ǀ 출판사 시사회
큐레이션	그림책 ǀ 딸기책방이 출판한 그림책 ǀ 그래픽노블

딸기책방은 뚜벅이, 책방문 초보자, 그리고 어린이와 함께하는 여행자에게 추천한다. 건물부터 간판까지 알록달록한 이 책방은 그림책을 전문으로 하는 특별한 동네 책방이다.

강화의 책방들은 하나같이 유명하고 특색 있어서 '이곳이 제일 oo 하다'는 수식어가 적절하지는 않지만, 그래도 역시 딸기책방은 강화에서 가장 재미있는 책방이다. 딸기와는 전혀 관계없는 책방도, 새파랗고 긴 지붕과 빨간 뽀글 머리 간판도, 그리고 책방지기까지 모두 유쾌하다.

라테아트 대신
뽀글머리와 핸드드립

딸기책방은 다양한 역할을 하는 동네 책방이다. '책방'이기도, '출판사'이기도, 그리고 '카페'이기도 한 이 공간은 출판 디자인과 편집 일을 오래 해 온 부부가 직접 꾸몄다. 기존 건물의 골조를 그대로 유지해서 천장의 울퉁불퉁한 서까래가 그대로 남아있다. 기둥과 천장에 이리저리 연결된 노란 전구의 전선과 책장 옆까지 겹겹이 쌓여있는 그림책, 제각기 색이 다른 쿠션과 담요가 딸기책방만의 매력이다. 옆으로 뉘여 가득 쌓인 책이나 공책, 펜과 종이들을 보면 무언가에 매료된 사람의 열정이 가득한 책상이 떠오른다. 깔끔하게 정돈된 책상보다 궁금해지는 공간. 나에게 딸기책방은 그런 '기분 좋은 어수선함'이었다.

넓지 않은 공간에서도 수많은 일들이 일어난다. 이곳에서는 매년 작가와 함께하는 그림책 만들기 프로젝트 워크숍이 진행된다. 딸기책방이 출판한 책들로 작가와 함께 북토크를 열기도 하고, 낭독 모임과 출판 시사회도 진행한다. 코로나 시대의 비대면 문화와 지역 특성을 고려하여 SNS 라이브 방송으로 북토크를 실행하기도 했다. 책방지기의 풍부한 출판 경험으로 북토크의 대화 폭이 자연스럽게 넓어진다. 신간 이외에도 출판 업계와 책으로 먹고사는 일에 대한 현실적인 이야기까지 다양하게 들을 수 있다. 한 시간 남짓한 북토크가 마무리될 즈음이면 댓글이 한두 개씩 달린다. '아이가 책에 싸인을 받고 싶다고 하는데 잠시만 기다려주실 수 있나요?' 딸기책방 근처에 살고 있을 어린 아이가 부러워지는 순간이다.

책방지기는 간판의 그림처럼 뽀글거리는 머리에 안경을 쓴 활달하고 유쾌한 사람이다. 책방을 이리저리 둘러보며 연신 사진을 찍는 여행객에게 친절한 관심을 준다. 오픈 시간에 거의 딱 맞춰 도착한 것이 반가웠는지 직접 내린 모닝커피를 딸기책방의 머그컵에 한가득 따라서 나눠주기도 한다.(커피 맛이 아주 훌륭하다. 방문 계획이 있다면 카페 일정을 따로 잡지 말고 커피와 책을 함께 즐기는 것을 추천한다) 강화의 책방들을 찾아다닌다고 말하자 인근의 책방들과 관광지, 현지인 맛집까지 쉬지 않고 추천해 준다. 이곳저곳 추천을 받다보면 강화에 대한 책방지기의 애정이 절로 느껴진다.

독후강 : 독서 후 강화

출판사를 겸하는 만큼 딸기책방에서 출판한 책을 구매하는 것이 더 의미있게 느껴진다. 미리 검색해서 알아본 〈옥상바닷가〉를 찾으니 책방지기는 조사를 많이 하고 왔다며 반가워한다. 책방지기의 추천 도서 〈비빔밥 만들기〉도 구매하고 증정품인 〈재미날다〉 플립북까지 두 손 무겁게 책방을 나섰다.

학령인구(6-21세)가 적은 지역에서 그들을 위한 동화책과 그림책이 가득한 책방은 정말 소중한 존재다. 딸기책방에서 그림책을 읽으며 성장한 사람이, 언젠가 강화의 이야기를 딸기책방에서 출간하는 날을 기대해본다.

손님이 맞이하는 이상한 책방,
책방 국자와주걱

위치	인천 강화군 양도면 강화남로 428번길 46-27
공간	책방	숙소	영화관	공연장	앞마당
활동	낭독회	독서 모임	북토크	음악회	연극	북스테이	그 외 다수
큐레이션	지구	환경	노동자	여성	강화도	동화	인문학

책방 국자와주걱은 강화 책방의 터줏대감이다. 전국 곳곳에 독립서점들이 생겨나기 이전에 강화에 자리를 잡고, '국자와주걱'이라는 독특한 책방 이름처럼 강화에서 따뜻한 정을 나누고 있다. 책방의 이름은 강화의 함민복* 시인이 지어주었다고 한다. 숟가락, 젓가락과 달리 국자와 주걱은 음식을 퍼서 서로 나눌 수 있는 것. 책방지기의 책과 책방에 대한 철학이 이름에서도 잘 느껴진다.

* : 시인. 1996년부터 강화군 화도면 동막리에 살고 있다.

국자와 주걱으로
한가득 퍼서 나누는

양도면 깊숙한 곳으로 차를 끌고 들어가면 빨간 지붕의 오래된 한옥집을 만날 수 있다. 풀밭에서 볼일을 보고 유유히 사라지는 책방 마스코트 고양이 '요리', 겨울이라 꺼내놓은 듯한 군고구마 기계와 마루에 쌓인 쓰지 않는 화분들, 그리고 마당의 테이블과 의자들. 국자와주걱은 언뜻 보아도 책만 사 가는 공간이 아니다.

실내도 바깥 못지않게 독특하다. 입구에는 주방 겸, 책상 겸, 카운터가 있다. 카드 단말기와 요리도구가 공존하는 기묘한 공간이다. 거실과 안방은 벽면과 테이블에 빼곡히 책이 진열되어 있고, 편하게 책을 읽다 갈 수 있도록 푹신한 쿠션과 담요도 준비되어 있다.

국자와주걱의 후기를 보면, 주인이 없는 책방을 둘러보고 나왔다는 글을 심심치 않게 볼 수 있다. 내가 방문한 날 역시 주인은 없고, 동네 주민으로 보이는 손님과 그 아들이 널따란 테이블에 앉아서 책을 읽고 있었다. 현관을 서성이다 안쪽으로 들어가기 위해 양해를 구하자, 그제야 '책방 구경 오신 분이군요!'하며 자리를 터준다. (책방지기의 친구인 줄 알았다고 한다) 책 결제까지 자연스레 도와준 후에는 '다음에는 여기서 북스테이도 해보세요. 방이나 거실이나 아무 곳에서든 책 읽다 가기 좋아요. 강화에는 참 이런 동네 책방들이 많죠.' 라며 추천을 잊지 않는다. 손님이 책을 팔고, 방문객을 맞이하며 강화 책방들을 알리는 이상한 책방이다.

작가와 함께하는 북토크는 마당과 책방을 자유롭게 오가며 진행된다. 책 만들기 워크숍이나 희곡 읽기, 시 낭송회, 연극 공연과 예술사업까지. 이 작은 공간에서 창의적이고 예술적인 담론이 밤을 새워 오고 간다. 강화의 깊숙한 시골 마을에 장르를 막론하고 책으로 엮인 다양한 문화예술을 끌어들인 것이다. 책방지기는 책으로 멋진 예술과 문학을 나누는, 말 그대로 책방의 국자와 주걱같은 존재다.

모든 활동은 외부인에게도 활짝 열려있지만, 책을 계산해 준 손님의 말에 따르면 교통이 불편해서 대부분 주민들과 함께한다고 한다. 별이 반짝이는 밤하늘을 보며 책에 대해 이야기하고, '국자와 주걱'처럼 준비해온 음식을 나눠먹는 것. 물론 이 특별한 경험을 위해 각지에서 찾아오는 손님들도 존재한다. 잠시만 머무르기에 아쉬운 이들을 위해 이곳 역시 북스테이를 겸한다. 시골 책방을 찾은 사람들은 일상에서 잠시 벗어나 조용한 한옥에서 밤새 책을 읽다가 돌아간다. 화려하지는 않아도 편안하고 풍요로운 휴식의 경험이다.

독후강 : 독서 후 강화

 로컬 책방에서는 역시 지역과 관련된 책 혹은 지역민이 쓴 책을 사는 재미가 쏠쏠하다. 국자와주걱에서는 〈농사, 툭 까놓고 말할게요〉를 구입했다. 2006년에 강화도로 귀촌해 농부가 된 저자의 '농부 생존기'를 담은 책이다. 강화에 이주에서 서울로 출퇴근하던 직장인 시절부터, 본격적으로 농사를 시작하며 겪게 되는 경험과 사소한 어려움, 그리고 강화도에서 농사를 지으며 살아가는 삶에 대해 담담하지만 현실적이고 날카롭게 이야기한다. 국자와주걱에서는 지난 2019년 책의 저자와 함께 책과 농사 이야기를 나누는 북토크도 진행했다. 지역 책과 든든한 책방이 있기에 가능했을 교류의 장이다.

강화 최북단의 서점,
평화책방

위치	인천시 강화군 송해면 전망대로 306번길 54-5 (숭뢰리 793)
공간	책방	출판사	집
활동	책 판매	출판
큐레이션	인문학	세계 문학	고전 문학	시집	그 외 기타 중고책

책방문의 마무리는 강화 최북단에 위치한 서점인 '평화책방'이다. 2021년에 문을 열기도 했거니와, 인터넷에 검색해도 나오는 글은 3개 미만. 북스테이도, 북토크도, SNS 계정도 없다. '이곳이다!' 아는 사람이 거의 없는 특별한 동네 책방을 찾아낸 기분이 들어 발걸음이 가벼워졌다. 평화책방은 찾아가기가 조금 어려운 편이다. '길' 자체가 어렵다기보다는, 가는 길 내내 '정말 이런 곳에 책방이 있다고?' 의문을 품게 한다. 주택으로 들어가는 좁은 도로 앞에 세워둔 '전방 100m 평화책방' 푯말을 발견했다면 거의 성공이다.

낡은 것에서 발견하는
책방의 맛

평일 오전에 방문한 평화책방은 불도 켜지지 않은 채 깜깜하고, 책이 쌓여있을 서재가 모두 분홍색의 꽃무늬 천으로 덮여있다. 문을 열 시간은 지났지만 방문객이 적다 보니 유연하게 책방을 운영한다. 안쪽에서 일을 하고 있던 책방지기가 인기척을 느끼곤 서둘러 나와 천을 걷어내준다.

1974년에 지어진 농가 주택은 2021년에 평화 책방으로 탈바꿈하며 출판사 사무실(도서출판 말) 겸 책방이 되었다. 평화와 통일을 꿈꾸는 이들을 위한 작은 쉼터가 되었으면 하는 바람이 책방의 이름에 잘 담겨있다. 그야말로 DMZ 접경지역에 개업한, 평화가 깃든 책방이다.

책방지기가 생활하는 공간과 책방이 분리되지 않은 이곳은 재미있는 포인트가 가득하다. 담금주 병안에 담긴 다양한 디자인의 성냥갑들과 유리그릇에 쌓여있는 정체를 알 수 없는 메달들. 당당하게 서재 한 칸을 차지하고 있는 책방지기의 화장대도 볼 수 있다. 탁상 거울과 기초화장품이 마치 진열된 책처럼 자연스럽게 자리를 차지한다. 평화책방은 마실 거리나 다과를 판매하지는 않지만, 테이블에 믹스커피와 티백이 준비되어 있다. 원하는 손님은 부담 없이 따뜻한 믹스커피 한 잔을 마시며 책을 둘러볼 수 있다.

평화책방은 새 책과 헌 책이 한 데 섞여있다. 주로 역사와 평화, 인문학 책이지만 크게 장르를 가리지는 않는다. 헌 책들은 판매가도 즉흥적으로 정해진다. 이 날 나는 총 세 권의 책을 구매했는데, 새 책인줄 알았을 만큼 낡지 않은 두꺼운 그림책을 정가의 반값도 안되는 가격에 살 수 있었다. 긴장감 넘치는 흥정도 없는 그야말로 평화로운 거래였다.

독후강 : 독서 후 강화

 사람들이 많이 찾지 않는 공간이라는 단점은 오히려 사무실을 함께 운영할 수 있는 장점이 됐다. 어엿한 책방을 운영 중이긴 하지만, 새 책도 헌 책도 모두 반값 이하로 판매하는 것을 보면 평화책방의 책방지기 역시 책 판매로 큰 돈을 벌고자 하는 사람은 아니다. 어떤 의미에서 평화책방은 가장 자연스럽게 강화에 녹아든 책방이다. 원래 그 동네에 있던, 그저 책이 많은 집처럼 어느 한 군데 튀거나 이질적이지 않다. 이름처럼 평화롭게 책을 고르고 달달한 커피 한 잔을 즐길 수 있는 공간이다.

[♡]

writer 조눈실

아주 가끔 그런 생각을 한다.
여기에 오지 않았더라면 내 시간의 8할은
지하철 몇 호선에서 하릴없는 시간을 보냈을까.
인생은 선택의 연속이고, 선택이 곧 운명이다.
지금 여기에 있다는 생각만으로 안심이 되었다.

D-9

왼쪽 손목에 찬 스마트 워치에서 알람이 울렸다. 시간을 확인해보니 오후 5시 20분. 계획대로라면 지금 무인카페에서 고소한 맛이 나는 카페라떼와 후추 맛 나는 두툼한 감자칩을 산 다음 여유롭게 탐조를 하고 있을 시간이다. 오늘 이 시간을 얼마나 기다렸는데, 눈치라고는 1도 없는 박재열 팀장이 속편하게 속노랑 고구마파이를 꼭 사서 가야한다고 하는 바람에 아직까지 목적지 근처에는 가지도 못하고 조수석에 앉아서 디저트 브리핑을 듣고 있다.

"이게 뭔데 그래요?"

"세온씨 강화도 온지 꽤 되지 않나? 아직도 여기 와서 이 유명한 파이를 안 먹어 봤어? 모양은 우리가 아는 평범한 에그 타르트처럼 생겼어도 이게 시즌 상품이라 5월부터 딱 3개월만 판매하거든. 그래서 지금 아니면 못 먹어. 파사삭 하고 부서지는 파이 한 입이면 오늘 받은 스트레스가 싹 풀린다니까. 오늘도 새 보러 간다며. 이거 남은 것도 다 들고 가."

한 달에 한 번은 외근, 여기까지는 일이니까 오케이. 근데 매달 어딜 가던지 빵 타령은 말할 것도 없고 미간에 힘주고 이런 것도 안 먹고 뭐했냐는 저 눈빛 좀 봐. 이 봐. 오늘도 빨리 가겠다는 사람 붙잡아두고 이게 뭐하는 거냐고.

팀장은 핸드폰을 확인하고 씩- 웃더니 카페에서 챙겨온 종이봉투에 남은 파이 두 개를 툭 넣어줬다. 하지만 빵이고 뭐고 의도가 나에게 맞지 않을 때, 결국 그 친절함은 온전히 친절함으로 전달되지 않았다.

"와. 정말 좋은데요."

파사삭 하는 파이 어쩌고저쩌고는 아직 모르겠고 연고도 없는 이 지역에서 혼자 지낸 지 어느덧 3년 차. 주변에 네온사인이 없다보니 낮과 밤의 경계가 명확해지면서 내 바이오리듬의 ON&OFF도 저절로 자연의 시간에 맞게 변했고, 퇴근 후 주 2회는 연두색 지붕이 매력적인 민박집 스타일 요가원에서 한 시간 동안 요가를 했다. 솔직히 이때 이효리가 된 기분이라 괜히 몸에 복근이 저절로 생길 것 같은 기분이 든다. 요가가 끝나면 선생님께서 연하게 우려낸 약쑥차를 내어 주시는데 이곳에만 있는 이런 디테일에 서서히 빠져들었다.

그리고 출근하지 않는 날에는 펑퍼짐한 옷과 가장 편한 운동화를 신고 땀 흡수가 잘 되는 버킷햇까지 착용한 다음 허허벌판으로 향했다. 바로 새를 보기 위해서. 어쩌면 여기서 지내게 된 가장 결정적인 이유가 아닐까 싶다. 나름 잘 나온 것 같은 사진을 골라 인스타 스토리에 올리면 머리부터 발끝까지 칙칙하게 입고 그림자처럼 새를 따라다니면서 뭐 하는 거냐는 답장이 돌아온다. 하지만 이런 것들이 중요했다. 지극히 일상적이지만 여기에 오지 않았다면 절대 일상적일 수 없었던 것들.

어쨌든 서울 중심부에서 차로 한 시간하고 좀 더 가면 올 수 있는 곳이다 보니 시골일 거라고 생각하지 않았는데 여기서 살아보니 나름 도시와 시골을 구분할 수 있는 척도가 생겼다. 골목을 걸어 다니는데 스타벅스가 자주 보인다? 그럼 대도시, 동네마다 하나씩 있으면 도시인 척, 그리고 지역에 스타벅스가 두 개 이하라면 시골. 그렇다. 여기는 수도권과 가깝지만 100% 시골이다. 관광객이 많은 시골.

그럼 여기서 잠깐. 사시사철 관광객이 붐비는 곳에서 '내가 찍어 줄게' 아니면 '나 여기서 찍어줘' 같은 대화가 오갈 것 같은 장소 말고, 현지인 짬바에는 못 미치겠지만 그래도 3년 차 주민이 추천하는 찐 강화도 명소는? 들어본 사람도 있을 텐데, 바로 마니산자락에 위치한 선 미술관. 물론 내가 여길 다니고 있다고 해서 추천하는 건 절대 아니고, 미술관에서 바라보는 풍광이 마치 수묵화 같아서 여행도 여행이지만 직원의 입장에서도 일할 맛 나는 곳이다. 물론 오늘은 외근으로 인해 팀장과 이 시간까지 함께 있어서 워라밸이 깨졌지만.

"세온씨가 자주 입는 이 티셔츠에 그려진 거 말이야. 이거는 갈매기인가?"

파이를 먹느라 고개는 앞으로 쭉 내밀고 심지어 입 안에 음식물을 잔뜩 머금고 말해서 중간 중간 으깨진 음식물이 눈에 들어왔다. 멍청한 거북이 같았다.

"비둘기인데요."

파리로 교환학생을 갔을 때 수업을 들었던 학교 정문 앞에 있는 작은 빈티지 샵에서 산 제품이다. 연한 회색 바탕에 노란색으로 그려진 비둘기가 편지를 물고 있는 그림인데 어딘가 살짝 촌스럽지만 매칭만 잘해서 입으면 유행 타지도 않고 오래 입을 수 있을 것 같아서 사지 않을 수 없었다. 근데 이 티셔츠를 구매할 때 직원 분이 뜰 수 있는 최대치로 뜬 것 같은 눈으로 "오, 유 웡-트 디스? 롸잇?"이라고 물어보면서 내 얼굴 한 번, 티셔츠 한 번 보더니 옆에 있는 직원에게 웃으면서 프랑스어로 말을 이어갔는데 그들은 몰랐겠지. 내 전공이 미술사이고, 부전공이 불어불문이라는 것을. 한국에 와서 친구들은 내 옷을 보고 파리까지 가서 새 타령하고 왔냐고 우스갯소리를 했지만 남들은 이해하지 못해도 새가 들어간 아이템을 착용하고 있으면 일상의 밀도가 높아지는 기분이라 특히 출근할 때 자주 입었다.

근데 오늘 팀장이랑 오래 있다 보니 힘이 쭉쭉 빠진다. 이럴 줄 알았으면 주황색 모자를 쓴 앵무새 키링까지 가방에 달고 오는 건데.

"근데 나 최근에 연애 시작했다?"

그래서 오늘 그렇게 핸드폰을 놓지 못하고 미소가 계속 입가에 머물렀구나. 근데 누가 물어 본 사람.

"세온씨는? 요즘 누구 만나는 사람 있어?"

꼭 없는 거 알면서 물어보더라.

"아니요. 왜요? 좋은 사람 소개해 주려고요?"

"내가 해주는 건 아니고.."

말끝을 흐리면서 팀장이 느닷없이 내 눈앞에 보여준 건 다름 아닌 핸드폰 화면이었다. 액정 상단에는 두꺼운 고딕체로 매칭 성공이라고 적혀있었고 바로 아래 한 명의 여성분 얼굴이 보였는데 유독 화사한 필터, 가지런하게 찍힌 셀카 때문인지 한눈에 알아볼 수 있었다. 데이트와 관련된 앱인 것 같다는 것을.

"소개팅 앱인데 요즘 젊은 애들 사이에서는 이미 핫한가봐."

팀장은 화면 왼쪽 상단에 있는 목록을 열어서 하나씩 빠르게 터치하기 시작하더니 앱 사용설명서를 두 손가락으로 확대해서 다시 핸드폰 화면을 보여줬다.

"근데 이게 진짜 괜찮은 게 가입 과정도 좀 까다롭고 질문도 많아서 다른 앱보다 좀 진지한 소개팅을 하고 싶은 사람들이 많이 쓰는 거 같아. 나도 이런 거 진짜 할 생각도 못 해 봤다니까?"

도로에서 멀어지니 바로 코로 들어오는 축축한 냄새. 밑창이 딱딱한 스니커즈를 신고 빠르게 걸었더니 뒤꿈치가 아려왔다. 잠시 멈춰 시간을 확인하니 어느덧 저녁 6:35. 하필 오늘따라 팀장이 속노랑고구마 타령을 하는 바람에 하루의

계획이 완전 꼬여버렸다. 결국 커피도 못 사고 새를 보기 위해 급하게 갯벌센터로 향하고 있지만 이미 하늘은 점점 그라데이션으로 어두워지고 있어서 모든 의욕이 한순간에 사그라졌다.

이게 다 팀장 때문이야.

손에 들고 있던 빵 봉투를 옆에 있는 벤치에 툭 내려놓았다. 한 겹 한 겹 감싸고 있던 파이의 겉 부분이 많이 부스러졌다.

이깟 디저트가 뭐라고.

솔직히 심플 이즈 더 베스트 아니냐고. 난 프렌치 전문 빵집에 가도 기본 크루아상만 먹는데. 무슨 파이에 고구마야. 방금 호출한 택시가 도착하기 전에 느슨하게 묶여있는 비닐봉투를 풀었다. 빵 특유의 고소하고 달콤한 향기가 쓱 풍겼다. 그리고 한 입 먹어보는 순간 이깟 이라고 말할 만한 것이 아니라는 걸 깨닫는데 그리 오랜 시간이 걸리지 않았다.

그 유명하다는 파이는 주먹만 한 크기에 한 입 베어 물면 진짜 고구마를 으깨 넣은 것처럼 맛과 식감이 달달하고 부드럽게 채워졌다. 그야말로 밀도가 높은 진한 노란색 맛이었다.

오늘 하루도 엉망이었는데 이거라도 맛있어야지. 파이마저 맛없으면 오늘 좋은 일이 하나도 없을 뻔했잖아.

남은 한 개를 더 집어서 쇼츠를 틀어놓고 부스러기를 잔뜩 떨어트리며 파이를 먹고 있는데 실수로 핸드폰 오른쪽 사이드에 있는 전원 버튼을 눌러버렸다. 오, 근데 이럴 수가. 어두운 화면에 비친 내 모습은 왜 이렇게 넋이 나간 모습인거야. 색이 다 빠져나간 표정에다가 머리카락은 또 왜 이렇게 축 처져있는지 볼륨을 넣어주려고 아무리 매만져도 그대로였다. 오늘따라 유독 전체적으로 복구 불가능한, 그야말로 바람 빠진 탱탱볼처럼 보여서 이 상태로는 기분이 업 되려야 업 될 수 없을 것 같았다. 심지어 부스러기로 난장판이 된 내 옷 상태까지.

반쪽 남은 파이는 가방에 넣고 택시를 타기 전에 옷을 탈탈 털었다. 유독 긴 하루였다. 그리고 집으로 향하는 택시에서 휴대폰을 만지작거리다 오늘 팀장이 말한 게 떠올라 앱 스토어에서 팡이라고 검색했다. 바로 러브팡팡 이라는 것이 떴다. 테두리가 부드러운 네모 안에 핑크색 하트모양 막대사탕이, 그 주위에는 노란색과 연두색의 작은 점이 물감으로 툭툭 뿌린 것처럼 그려져 있었다. 그리고 그 밑에는 이렇게 적혀있었다.

상대의 얼굴만 확인하는 뻔한 소개팅은 이제 그만!
사랑은 언제나 슈팅스타처럼 달콤하고 팡팡 터지는 일!
자신의 MBTI는 정확히 알고 있나요?
자신의 가치관에 대해 제대로 인지하고 있나요?
나와 상대의 성향과 취향, 그리고 신념을 알아가는
건강한 소개팅 문화를 만들어갑니다.

더 보기

건강한 소개팅 문화.

택시가 터널에 진입할 때 나도 모르게 중얼거렸다. 어두워진 택시 안에서 기사님의 내비게이션과 내 핸드폰 액정만 밝게 빛났다. 평소 같으면 듣고 흘려 보낼 이야기였는데 내년이면 어느덧 서른, 삼십대가 접어들기 전에 새로운 선택도 해보고 싶기도 했고 박재열 팀장도 연애하는데 나도 할 수 있지 않을까 라는 얄팍한 생각까지도 들었다. 내 소개 글을 어떻게 적을지 고민하면서 에어팟을 귀에 꽂고 창문 밖을 바라보니 어느새 어둠이 짙게 깔린 동막해변을 지나가고 있었다. 그 근처에 있던 카페 야외정원에 달린 알전구들이 유독 반짝반짝하게 보였다. 가끔 스치면서 보던 광경임에도 불구하고 오늘따라 어둠과 빛이 대비되면서 지나가는 장면이 아름답게 보여 불꽃이 하늘에서 터지는 모습을 그려봤다. 일어나지 않은 기분 좋은 상상을 하며 잠시 머리를 뒤로 기댔다. 귀에서는 Coldplay의 Viva La Vida 곡이 귀에 꽉 차게 들어왔다.

이세온 / 29세 / INFJ

선 미술관 학예사
폴킴의 '너를 만나'에서
따뜻한 이해로 날 감싸줘서 라는 가사를 좋아합니다.
탐조하는 강화지앵을 꿈꾸고 있습니다.

D-8

 왠지 오늘따라 느슨해져 있던 내 바이오리듬도 살짝 팽팽해졌다. 겉보기엔 평소와 비슷해 보이지만 눈동자가 바쁘게 움직이고, 살짝 들뜬 마음이 쉽게 가라앉을 것 같지 않은 그런 날. 하지만 내 자리에 앉아있는 것조차 흐트러지면 안될 것 같은 그런 날. 온 신경에 집중하다 보니 살짝 더워서 머리카락을 높게 묶었다. 그리고 키보드 옆에 둔 핸드폰을 집어서 러브팡팡 에 접속했다.

대화 신청 1

 괜히 주변을 둘러보았다. 아직 출근한 사람은 나밖에 없었다. 코로 크게 숨을 들이쉬고 내쉰 다음 책상 위에 정리되지 않은 볼펜들을 제자리에 꽂아두고, 라벤더 향이 나는 핸드크림을 손등에 살짝 짜서 은은하게 풍기는 향기를 맡았다. 그리고 다시 핸드폰을 응시했다.

 다시 봐도 화면에 적힌 숫자가 대문자처럼 눈에 크게 들어왔다. 그러다가 1이라는 숫자가 열쇠구멍처럼 보였다. 마치 굳게 잠겨있던 문을 비로소 내가 열 수 있는 느낌. 마지막 연애가 언제인지도, 과연 연애를 해보긴 했었는지 스스로 의구심이 들 정도였지만 이제 나에게도 샤랄라한 순간이 오지 않을까 하는 기대감에 손에 살짝 땀까지 났다. 핸드폰을 잠시 내려놓고 손바닥을 바지에 두 번 문지른 뒤 대화 신청을 터치했다. 손에서만 나던 라벤더 향이 점점 퍼져나갔다. 향 때문인지 그놈의 숫자 1 때문인지 모르겠지만 사진을 보는 순간 알았다. 얼굴 때문이라는 것을.

 프로필에 있는 사진은 카메라 어플을 사용해서 찍었는지 오른쪽 하단에 아주 작은 글씨로 *MiMo* 라는 이름이 새겨져 있었다. 일단 부드럽게 각진 얼굴형에 살짝 펌을 한 것 같은 머리카락이 탄력 있어 보였고 피부는 필터 효과로 인해 결이 정돈되어 있으면서 하얀 편이었다. 상체는 반만 나왔지만 사진 속에서 입고 있는 하늘색 니트에 목둘레만 벽돌색으로 포인트 된 저 옷이 꽤 잘 어울리는 느낌이었다.

 그 다음에는 한 장의 막걸리 사진, 플라스틱 병에 진한 바다색 라벨이 붙여져 있었고 금색으로 강화 임금 막걸리라고 적혀있었는데 세상에, 그 빛나는 글씨를 보자마자 한 번에 알아볼 수 있었다. 내가 제일 좋아하는 막걸리 브랜드라는 것을. 다른 막걸리보다 탄산이 적어서 목 넘김이 부드러웠고 고소한 쌀의 맛이 진하게 나서 가볍게 마시기 좋아 여기 홈페이지에 이걸 먹으니 다른 막걸리는 못 마시겠다고 리뷰도 남겼었는데. 그런데 더 놀라운 것은 이 막걸리의 주인이 지금 나에게 대화 신청을 했다는 것을.

 바로 강화 임금 막걸리를 검색했다. 총 3페이지에 34개의 기사가 나열되었고 가장 최근 기사가 4개월 전에 올라온 글이었다. 기사 제목은 지역 막걸리 대상에 이어 크라우드 펀딩까지 이어가. 그리고 메인 사진에는 한 손으로 막걸리를 잡고 다른 한 손은 막걸리 밑부분을 받치고 있었다. 기사에 실린 대표의 사진과 내가 지금 보고 있는 이 사람. 어플 효과만 배제하고 보면 거의 똑같이 생겼다.

 뭐지. 이런 사람도 이런 앱을 사용하나. 엄청 바쁠 거 같은데, 아하. 너무 바빠서 앱에서 만나려고 하는 건가.

 만약 이 분과 진지하게 만나게 되면 연인들이 간다는 오션뷰 카페도 같이 가게 되는 거겠지. 통유리에 얇고 기다란 하얀색 커튼이 너울거리는 그런 곳. 평범한 아이스 아메리카노가 6000원 이상이더라도 가격이 아깝지 않은 시원한 뷰를 가진 그런 곳. 낮 시간에 가면 햇빛이 장난 아닐 테니까 자외선을 차단해 주는 선글라스도 챙겨야 되겠다. 아니지. 여기선 어느 카페에 가더라도 일몰 맛집일 확률이 높겠다. 근데 같이 새 보러 가자고 하면 싫어하려나. 이미 머릿속에는 커플, 해안도로 드라이브 데이트, 강화 임금 막걸리 안주인은 '나야나'로 롤러코스터 정점까지 올라갔다가 다시 현실 복귀하는 데까지 딱 2분 걸렸다.

 검색하던 창을 모두 닫고 의자를 책상 쪽으로 바짝 당겨 앉았다. 빨리 메시지를 보내려고 하는데 무슨 말을 어떻게 보내야 할지 감이 안 와서 손가락이 쉽게 움직이지 않았다. 이럴 땐 어떻게 무슨 말을 해야 할지, 괜히 마침표 하나, 이모티콘 표정 하나하나 신경 쓰였다.

 이렇게 연락하는 일에 쩔쩔맬 줄 알았으면 조금이라도 어렸을 때 소개팅이나 많이 해볼걸.

 핸드폰 밝기를 80%까지 올리면서 옆에 놓여있던 인삼 초콜릿을 하나 꺼내 먹었다. 입 안이 잠시 화해져서 메시지 보내는 일에 좀 더 집중할 수 있을 것 같긴 한데, 정말이지 언제 먹어도 적응 안 되는 맛이었다.

D-3

 자연친화적이고 현대적인 감각을 자랑하는 선 미술관은 마니산 자락에 위치해 자연과 어우러져 편안함을 느낄 수 있으며 붉은 벽돌로 지어진 건물 안으로 들어오면 펼쳐지는 다양한 전시공간으로 인해 모던한 느낌을 받을 수.... 는 우리 미술관 홈페이지에 적혀있는 글이고 3년 차 직원이 아주 간단하게 한 줄 평을 하자면, 차가 있어야 오기 쉬운 곳이다. 만약 차가 없다면? 버스를 타고 동막리 마을회관 부근에서 내린 다음 25분 동안 두 다리로 오르막을 걷다 보면 유독 주차가 많이 되어 있는데, 거기서 다시 이어지는 길로 2분 동안 직진하면 짜잔- 선 미술관이 보인다. 유명한 건축가가 지었다고 했는데 10년 전에는 이렇게 아래부터 꼭대기까지 꽉 막혀있고 창이 없는 건물이 유행했는지 입구를 제외하고 모든 면이 오차 없이 똑같이 생긴 게 건축가가 디자인한 게 맞는지 의심스러웠다. 전시관은 그렇다 쳐도 직원들이 일하는 곳마저 빛이 들어올 틈을 다 막아놔서 12시 땡하고 점심시간이 되면 밖에서 12시 59분까지 그 시간을 다 채우고 들어왔다. 마치 단 1초도 쉬는 시간을 포기 못 하겠다는 사람처럼. 그래도 다행인 건 미술관 2층에는 테라스가 있다. 관람객들이 쉴 수 있는 공간이지만 답답함을 견디지 못한 직원들은 일하는 와중에 테라스로 와서 부족한 비타민D를 섭취하겠다며 하늘 쪽으로 고개를 쭉 들어 올려다봤다. 높은 건물 하나 없이 탁 트인 뷰가 얼마나 사람을 홀가분하게 하는지, 끝없이 펼쳐진 논에 띄엄띄엄 지나가는 차들을 보고 있으면 조용한 영상을 보는 것 같아서 오늘도 점심시간 마지막까지 테라스에서 시간을 채우며 편안한 시간을 보내고 있었다. 박팀장으로부터 이 말을 듣기 전까지는.

"세온씨 우리 이번 전시 기간에 할 만한 이벤트 뭐가 좋을까? 요즘 미술관에서 게릴라식으로 이벤트 하는 게 유행이라던데 우리도 거기에 발맞춰야 하지않을까?"

두 달 뒤에 있을 이번 전시, 《러브 인 로컬; 비로소 우리가 사랑할 때》는 개관 10주년을 기념하기 위한 특별전이다. 몇 년 전 시골에서 하루 세끼를 만들어 먹는 프로그램으로 시작해 점점 TV에서도 로컬에 대한 관심이 심상치 않게 불어 이번 기회에 이 지역의 이미지를 보여줄 수 있는 전시를 기획하게 된 것이다.

"뭐가 좋을까요? 혹시 생각하신 게 있나요?"

"사람들을 여기까지 오게 하려면 좀 힙해야 하잖아?"

맞는 말이다. 대중교통이 잘 되어 있는 곳은 아니라 언제든 편하게 올 수 있는 위치는 아니다. 근데 힙한 것과 거리가 먼 팀장이 힙한 것을 추구하는 건 좀 웃겼다.

"그래서 말인데, 이번에 소개팅하는 사람이 막걸리 만든다고 하지 않았나? 전시하려면 아직 시간이 좀 있으니까 혹시 그분이랑 잘 되면 이번 우리 미술관에 막걸리 협찬해 달라고 하는 건 어때? 미술관과 막걸리. 유니크하고 어딘가 이질적인 게 요즘스럽지 않아?"

네. 않아요.

"내가 요즘 트렌드에 관심이 많아서 이것저것 책을 좀 읽고 있잖아. 근데 마케팅은 흐름이래. 우리는 지금 대중이 원하는 흐름을 잘 파악해야 한다는 거지."

팀장이 말하는 그 '흐름'은 요즘 사람들이 가장 흥미 있게 바라보는 것 이어야 하고, 그 '흥미'의 핵심엔 레트로적인 것이 포함되어 있어야 한다고 했다. 그리고 이 모든 것을 포함하는 것이 막걸리인 것 같다고.

"봐봐. 세온씨. 사람들이 우리 미술관에 전시를 보러오면 다들 인스타에 인증샷을 올릴 거 아니야? 그게 뭐더라. 샵 써서 적는 거 있잖아"

"태그요?"

"아, 그래. 태그. 샵 선미술관, 샵 막걸리. 샵 미술관굿즈 이렇게 말이야. 사람들이 막걸리 받은 거 인증하기 위해서라도 전시 보러 올 것 같은데?"

테라스에 들고 온 커피를 난간에 올려놓더니 손가락으로 탈춤 추듯 신나게 우물정자를 그리기 시작했다. 누가 보면 이미 막걸리가 이벤트로 확정이라도 된 것처럼.

"근데 잘 알지도 못하는 사람한테 이런 것을 제안하기엔 좀 그렇죠."

"그런가…?"

"그리고 막걸리는 이벤트로 하기에 너무 일시적이에요. 쓰레기도 많이 나오고. 선 미술관 10주년을 의미하는 전시인데 이벤트나 굿즈를 기획한다면 사람들에게 좀 더 오래도록 기억되는 게 좋을 것 같아요."

좀 전까지 손가락으로 탈춤을 추던 그의 몸짓이 맥없이 나풀거렸다.

"난 이게 진짜 괜찮은 것 같은데. 막걸리 이벤트 할 수 있게 세온씨가 추진해주면 여러모로 좋을 것 같은데 어렵겠어? 부탁하기가 좀 어렵나?"

어렵겠어가 아니라 상식적으로 안 되는 일이라고요. 당연히 안 되는 것을 가지고 내가 못 하는 것처럼 말을 하는 편이었다.

"그런 거 부탁하면 저 되게 이상한 사람처럼 볼걸요?"

"그래? 그래도 다시 한번 생각해 봐. 이렇게 되면 전시 홍보도 되고 세온 씨도 좋지 뭐."

좋지. 무척 쉽게 마지막에 붙은 저 말이 묘하게 상대의 기분을 갉아버렸.

싫다 라는 단어만 말하지 않았을 뿐 충분히 내 마음을 표현한 것 같은데 뭐가 좋다는 거야. 본인이 좋으면 다른 사람도 좋은 줄 아나.

풍선에 뜨거운 입김을 가득 불어 넣으면 터질 듯 말 듯 부풀어지다가 적당함을 넘으면 결국 터져버리는 것처럼 지금 내 기분이 그랬다. 아니, 생각해 보니 팀장의 말에 그러려니 하고 그저 넘겼을 뿐 같이 있을 때면 매번 기분이 그랬다. 이렇게 완곡하게 거절했는데도 그것을 제대로 흡수하지 못하는 사람. 그리고 본인이 좋으면 당연히 상대도 좋을 거라는 저 착각. 아, 진지하게 생각해 본 적은 없지만 자기 멋대로 생각하는 팀장 덕분에 내 이상형이 떠올랐다. 바로 스탠다드가 통하는 분이면 좋겠다. 각기 가진 보편적인 상식의 기준이 다르면 결국 서로가 서로에게 터지기 직전 상태인 풍선밖에 될 수 없으니까.

팀장의 말에는 애매하게 웃어넘기고 내 자리로 돌아왔다. 점심 먹으러 가기 전에 꺼 두었던 컴퓨터 모니터만 일단 켜둔 채, 바로 핸드폰을 집어서 러브팡팡 대화창에 접속했다. 5일 동안 소소한 변화가 생겼다면 첫날의 어색함은 점점 사라졌다는 것, 그리고 출근길과 점심시간 그리고 퇴근길에 별거 아닌 이야기들과 일상 사진을 주고받은 것이었다. 사진을 보내는 쪽은 대부분 소개팅남이었는데 주로 날아다니는 새를 확대해서 찍은 사진들이어서 하늘에 떠다니는 검은 비닐봉지를 잘못 찍은 건가 싶었지만, 좋아하는 것을 같이 공유하고 있다는 생각에 메시지로 대화하는 시간이 작은 즐거움이었다.

그리고 방금 대화창을 확인해 보니 소개팅남이 만나는 장소를 정해두었다. 바로 말로만 듣던 고인돌 공원이었다.

나무위키에는 이렇게 적혀있었다.

유네스코 세계유산에 등재된 강화 고인돌공원은 총 70기로 존재 자체만으로 큰 가치를 지니며, 몇 년 전부터 코로나 시국에 실내에서 데이트를 하지 못하는 사람이 늘어나자 고인돌 공원에서 남녀가 나란히 걷다가 돌로 고인돌 세우기에 성공하면 좋은 일이 생긴다는 설이 있어 최근에 연인들의 데이트 코스로 급부상하고 있다.

사그라질 기미도 없이 점점 작열하는 태양, 짙은 녹음, 거세지는 매미 우는 소리. 알람이 필요 없는 시스템이다. 창문을 여니 빛과 소리가 더 강렬하게 들어왔다. 매미의 울음소리는 컸지만 일정한 음정으로 반복되는 게 계속 듣고 있으면 고요해진다. 시끄럽다고 생각하지 않는 거 보니 오늘 컨디션이 꽤 상쾌한가 보다. 게다가 진짜 여름이 온 것 같은 기분까지.

시간을 확인하려고 베개 옆에 둔 핸드폰을 집었는데 이런, 충전기를 빼놓고 자서 배터리가 나가있었다. 하는 수 없이 노트북을 켰다.

오랜만에 열어본 노트북 화면에는 왼쪽부터 10행 8열로 각종 자소서, 오래전 학부 과제, 그리고 시간 날 때마다 이것저것 메모해 놓은 파일 아이콘들이 빼곡하게 자리 잡고 있었다. 누가 봐도 노트북 관리 안 하는 사람의 배경화면이었다.

그때 가장 맨 밑에 있던 세온's 강화살이를 위한….이라고 적힌 한글파일이 눈에 들어왔다. 제목만 봐도 서울에 살 때 적어둔 것 같은데, 지금 9시 45분. 평소보다 일찍 일어났더니 소개팅 시간까지 아직 여유가 있어 클릭해 봤다.

1. 이왕이면 창문을 열었을 때 시끄럽지 않을 것. ★★★★★
아침에 창문은 쓱 열면 자동차 소리 대신 새소리가 나면 얼마나 좋을까. 와 지금 생각만으로 너무 설레는데. 박새, 노랑할미새, 제비 룰루. 또 뭐가 있… 에이 또 밖에서 빵빵 소리 엄청 나네. 좀 그만.

2. 이왕이면 다른 건물이 내 시야를 방해하지 않을 것. ★★★

이제 건물 좀 그만 보고 싶다. 허허벌판이어도 좋으니 눈앞에 뷰가 딱 트여있으면 좋겠다. 솔직히 주변에 편의점 하나만 있으면 아무리 시골이더라도 상관없을 듯. 여기서도 자연인처럼 살고 있는데 뭐. 뭣이 중한디.

3. 이왕이면 주방과 침실이 구분되어 있을 것. ★★

지금보다 조금만 더 큰 평수에 살고 싶다. 딱 2.5평만이라도. 집에서도 요가매트 깔고 운동은 좀 해야 할 거 아니냐. 서울은 답이 없고. 답이 없고, 답이 없지.

[세온's 강화살이를 위한 이왕이면 조건 TOP3 구성안 _ 수정 중11!_hwp.]

  오랜만에 읽는데 가벼운 콧바람이 나오는 바람에 옆에 있던 휴지 한 장이 바닥으로 떨어졌다.

  3년 전, 내가 지내던 마포구 동교동은 시간이 다르게 점점 새로운 것들이 많이 생겨났고, 그 옆 동네는 소위 말하는 핫플레이스로 빼곡해졌다. 처음엔 즐거웠고, 그다음엔 익숙해졌다. 조용한 순간을 곁에 두고 싶은데 집에 있어도 주위 소음으로 방해받는 시간들이 점점 많아지다 보니 강화도에서 살고 싶은 집을 떠올리며 생각나는 대로 적은 낙서 같은 글이었다. 부모님은 새만 따라다니더니 에라 모르겠다 하고 고작 새 때문에 서울에서 이탈해 버렸다고 탐탁지 않게 여기셨지만 좋아하는 것을 가까이 두고 지내는 게 얼마나 좋은지 모르고 하시는 말씀이었다.

  축축한 숲 향이 나는 핸드크림을 바른 후 테이블에 올려놓은 휴대용 선풍기를 들고 밖으로 나왔다. 맵을 확인해 보니 고인돌 공원은 걸어서 한 30분 정도 거리에 있는 곳이었다. 시간이 여유로워 공원 근처 카페를 잠시 들렀다 가도 될 것 같았다. 오늘따라 공기도 맑아 버스 대신 천천히 걸어가기로 했다.

소개팅은 진짜 오랜만이다. 이십 대 중반에 소개팅하고 그 뒤로 그 분과 서너 번 정도 더 만났을까. 평범한 어느 날 밥을 먹다가 대뜸 넌 너무 재미없어 라고 말하고 점점 연락이 줄어들더니 얼마 되지 않아 상대방 메신저 프사에 외국 여자와 함께 있는 것을 보고 분명 나와 아무 사이도 아닌 것을 알면서도 살짝 충격이었다. 남자가 여자의 어깨에 손을 올리고 몸을 앞으로 숙인 채 웃고 있었는데 내가 보지 못한 표정, 누가 봐도 굉장히 즐거워 보이는 표정이었다.

이적이 그랬지. 지나간 것은 지나간 대로 의미가 있다고. 그 당시 불편한 옷을 입고 어색한 표정을 짓고 있던 내 모습이 싫어서 오늘은 몸에 꽉 달라붙지 않고 편안해 보이는 의상을 선택했다. 오 마이 갓 근데 대실패다. 이렇게 더운 줄 모르고 레몬색 린넨 셔츠를 입었는데, 너무 빠른 걸음으로 걸었는지 겨드랑이와 등이 촉촉해지고 있는 느낌이다. 오른쪽 팔을 살짝 들어 겨드랑이를 보니 한 1cm정도의 손톱모양으로 개나리색이 되었다. 망했다. 지금부터가 중요하다. 이러다가 상큼한 레몬 룩이 아니라 듬성듬성 피어난 대왕 개나리 룩이 되는 것은 한순간이다. 맵을 켜서 어디까지 왔는지 확인했는데 도착시간까지 약 5분, 거리는 560m. 6월 초 낮 온도를 간과했다가 소개팅 남을 만나기 전에 대참사가 일어날 지경이다. 그늘은 아직 5월처럼 서늘한데 그 외에는 7월 말처럼 점점 뜨거워지고 있어서 최대한 보도에 심겨 있는 나무 밑으로 폴짝폴짝 걸어갔다. 의도한 건 아닌데 멀리서 보면 신난 개구리처럼 보일 것 같다는 생각이 들었다.

열다섯 그루정도 지나치고 한 번의 횡단보도를 건너고 마침내 유리문으로 된 카페 문을 열었을 때 몸 전체를 휘감는 시원함. 2분만 앉아 있어도 셔츠 안쪽까지 보송보송하게 마를 것 같은 느낌이었다. 얼음이 잔뜩 들어간 차가운 아메리카노를 주문하고 빛이 덜 들어오는 자리에 앉았다. 소개팅까지 55분이나 남았다.

시간이 여유로워서 그런가 아니면 땀이 금방 식어서 그런가, 소개팅을 앞두고 기다리는 시간치고 평온했다. 아이스 아메리카노를 마실 때 얼음이 부딪히는 소리마저 동글동글하게 들렸다. 핸드폰을 보다가 아무것도 없는 창밖을 구경했다. 그러다가 다시 핸드폰을 켜서 그동안 대화했던 메시지들을 다시 읽어봤다. 며칠 전 새롭게 알게 된 사실은 우리가 같은 영화감독을 좋아한다는 것, 그리고 하와이안 피자를 싫어한다는 것이었다. 저 메시지를 주고받을 때 처음 연락할 때랑 다르게 손가락이 바쁘게 움직였던 것이 생각났다. 갑자기 또 기분이 가벼워졌다. 약속 시간이 아직 20분이나 남았고 커피도 많이 못 마셨지만 땀도 다 말라서 에어팟을 귀에 꽂고 일찍 나왔다. 밖은 여전히 뜨거웠지만 천천히 걸으면 괜찮을 것 같았다. 블루투스 연결음이 나온 다음 히사이시조의 summer가 귀에 잔잔하게 꽂혔다.

언제나 그랬듯 삶은 매 순간 선택이었다. 남들과는 조금 다른 길을 가더라도 나에게 맞는 선택을 해야만 했다. 이대로 머물 것인가, 앞으로 나아갈 것인가. 그것이 무엇이든 간에 크고 작은 선택들이 모여 지금 내가 여기 있다. 고인돌 공원 앞에.

공원의 중심엔 거대한 진짜 고인돌이 있었고, 입구에서 공원을 바라보면 한눈에 다 담지 못할 만큼 넓었다. 주차장을 따라 걷다 보니 공원 초입에 벤치가 보였다. 바로 발견한 벤치 위에 있는 미니 고인돌들. 나무위키에 적혀있던 게 이것을 말하는 것 같다. 앉을 수 있는 공간에 돌멩이로 만들어 놓은 고인돌들이 빼곡하게는 아니고 그렇다고 듬성듬성 까지도 아닌 그 중간 정도로 놓여 있었다.

고인돌이라고 해서 큰 돌을 상상했는데 강아지 비스킷 마냥 작아서 피식하고 웃음이 났다.

　뭐야. 오늘따라 웃음이 헤프네.

　햇빛은 여전히 강함을 숨기지 못했고, 공원은 새 소리가 굉장히 크게 들릴 만큼 조용했다. 평일 낮 시간이라 사람도 거의 없어서 소개팅남이 나타나면 바로 알아차릴 수 있을 것 같았다. 그리고 지금 어쩌면 새로운 시작이 될 수 있는 이곳에서 괜히 나무 보고 생각하는 척하며 이 낯선 느낌을 떨쳐내고 있다.

　정적인 걸음걸이, 어색하게 두리번거리는 고개. 왠지 저분이 소개팅남인 것 같다. 사진 속에서도 옷을 잘 입을 것 같은 느낌이었는데, 오늘 룩도 아이보리 계열 하의에 자칫하면 다소 지루해 보일 수 있는 연한 쑥떡 색 상의마저 신기하게 잘 어울렸다. 나를 알아채기 전에 셔츠를 한번 펄럭거렸다. 옷 안으로 들어온 시원한 공기 덕분에 땀 몇 방울은 없앤 것 같다. 바지에 손바닥도 살짝 문질렀다.

　뭐야. 근데 나 왜 웃어. 광대가 계속 올라가려고 하는 것 같은데.

　고개를 숙이고 얼굴에 힘을 뺀 다음 천천히 고개를 들었다.

　안돼, 광대 내려와. 아직 인사하기 전이잖아. 어떡해. 다가오고 있다. 얼굴이 점점 선명해 보여. 맞아. 저 사람이 맞아. 이미 정보를 알고 있어서 그런지 내적 친밀감까지 드는 것 같은데. 이제 진짜 몇 발 짝 안 남았다. 거의 가까워지고 있다. 입술을 중앙으로 모여서 오므린 채 웃으며 먼저 말했다.

　"안녕하세요."

CONTRIBUTOR

올어바웃은 <어바웃디엠지>를 함께 만들어갈 분들을 기다립니다.
사진, 그림, 영상, 글 등 어떠한 분야도 환영입니다.
DMZ를 경험하는 새로운 움직임에 동참하세요.

CONTACT aboutdmz@all-about.kr

PUBLISHER

박한솔 Park Hansol

EDITOR IN CHIEF

윤승용 Yun Seungyong

EDITORS

안수진 An Sujin
마가윤 Ma Gayun
최은진 Choi Eunjin

DESIGN & ILLUSTRATOR

최은진 Choi Eunjin

CONTRIBUTOR

조눈실 Cho Noon Sil

LOCAL CONTRIBUTOR

차완 chawan
이한희 Lee Hani

낙토 nakto
임지연 Yim Gee yeon

시골힙스터 Countryside hipster
최하나 Choi Hana

PUBLISHING

(주)올어바웃 allabout

올어바웃은 로컬 문화를 기반으로하는 콘텐츠 스튜디오 입니다. 전문가의 관점과 창작자의 시선으로 지역의 오리지널리티를 발굴하여 일상에 새로운 영감을 주는 콘텐츠를 만듭니다.

올어바웃이 발행하는 매거진 <about dmz>는 매년 DMZ 접경지역 한곳을 여행하며 사람, 공간, 음식 등의 이야기를 찾아 친근하면서도 깊이 있게 전달합니다.

MAIL aboutdmz@all-about.kr
INSTAGRAM @aboutdmz, @all_about_kr, @tambang.kr
FACEBOOK @thinktank.allabout
ADDRESS 서울특별시 중구 청계천로 40. 708-A호
HOMEPAGE all-about.kr

Printed in the Republic of Korea
2023년 9월 6일 초판 1쇄 발행
ISBN 979-11-969086-7-6
ISSN 2765-4567
등록번호 서울 제 2023-000025호

Copyright © 2023 allabout.Co.,Ltd.

(주)올어바웃이 이 책에 관한 모든 권리를 소유합니다. 본사의 동의없이 이 책에 실린 글과 사진, 그림 등을 사용할 수 없습니다.
The contents of this publication shell not be duplicated. used or disclosed in whole or in part for any purpose without the express written consent of the publisher.